Sammlung der Zeitzeugen

Harry Banaszak

Aus meinem Logbuch
Heitere und ernste Kapitäns-Erinnerungen

Harry Banaszak, geb. 1931 in Berlin, aufgewachsen in Berlin, Thüringen und im Warthegau. Lebte nach dem Ende des Krieges fast zwölf Jahre in Polen und kehrte 1958 auf dem Wege der Familienzusammenführung zurück zur Mutter nach Deutschland. Ausbildung als Seemann und als Papiermacher. 1960 bis 1965 Fernlehrgänge Technik der Erzählkunst.
Arbeitete im Verlagswesen, Volontariat bei der Redaktion der Bild-Zeitung in Berlin und fuhr später als Matrose der Hamburger Tankschiffreederei Esso zur See. 1974 bis 1975 Kapitänspatent Kleine Fahrt auf der Seefahrtschule Grünendeich, ab 1979 Kapitän für die Mittlere Fahrt. Von 1975 bis 1980 fuhr er als Steuermann, ab 1980 bis 2000 als Kapitän in der Kleinen- und Mittleren Fahrt für verschiedene Reedereien des Kehdinger- und des Alten Landes.
Seit 2000 im Unruhestand, vertauschte er das Steuerrad mit der Schreibmaschine. Harry Banaszak ist seit 31 Jahren verheiratet und lebt als freier Autor in Stade.
Er ist per E-Mail erreichbar unter **harry@zeitgut.com**

Sammlung der Zeitzeugen

Harry Banaszak

Aus meinem Logbuch

Heitere und ernste Kapitäns-Erinnerungen 1975 bis 1998

Herausgegeben von Jürgen Kleindienst

Zeitgut Verlag

Die im Buch veröffentlichten Abbildungen und Dokumente stammen – sofern nicht anders vermerkt – aus dem Privatbesitz des Verfassers. Umschlagbild vorn: M/S Craigavad, ein Bau der Sietas Werft Neuenfelde, bei der Umrundung von Mews Island in der Irischen See. Das Schiff wurde verkauft und in M/S Kirsten umbenannt. Foto Hermann Wichers, Krautsand.

Die Bilder des Verfassers sind im Internet in Farbe anzusehen unter www.zeitgut.com/logbuch

Bibliografische Information der Deutschen Bibliothek
Die Deutsche Bibliothek verzeichnet diese Publikation in der Deutschen Nationalbibliografie; detaillierte bibliografische Daten sind im Internet über http://dnb.ddb.de abrufbar.

Sammlung der Zeitzeugen, Band 68
Verlag: Zeitgut Verlag GmbH, Berlin
Klausenpaß 14, 12107 Berlin
Telefon 030 - 70 20 93 0, Telefax 030 - 70 20 93 22
E-Mail: info@zeitgut.com
E-Mail des Autors Harry Banaszak: harry@zeitgut.com
www.zeitgut.com
Herausgeber: Jürgen Kleindienst
Lektorat: Tanya Wegberg, Neuruppin
Karte: Peter Palm, Berlin
Printed in Germany
ISBN 978-3-86614-144-5

Inhalt

Für meine Frau Lydia

Vorwort

Steht man am Ufer, dann lassen die weite See und der ferne Horizont an exotische Länder, an Reisen denken. Der Wunsch nach Freiheit und Abenteuer kommt auf. Am liebsten würde so mancher diesen Traum sofort in die Tat umsetzen. Die See fasziniert, sie lädt ein, sie ruft.

Wir Seeleute, die ihrem Ruf folgen, und daraus unseren Beruf machen, erfahren spätestens dann die Unberechenbarkeit der See, wenn sie uns auch ihre andere Seite zeigt. Erst im brüllenden Sturm und mit dem Schiff zwischen den haushohen Wellen merken wir, dass die See meist fordert und nur zögernd gibt. Nicht nur in der weltweiten Fahrt, auch in der küstennahen, der Kleinen und der Mittleren Fahrt spielt die See mit uns und den Schiffen. Sie zeigt oft ihre Macht.

Dennoch trotzen wir ihr. Mit Ausdauer, Können und mit der Technik des 21. Jahrhunderts. Das gelingt nicht immer. Seekatastrophen und ölverseuchte Küsten zeigen, wie hilflos der Mensch gegenüber dieser Naturgewalt auch weiterhin ist. Dazu kommt die menschliche Unvernunft, sich zu überschätzen oder auch unzumutbare Regeln zu akzeptieren, die noch aus dem Mittelalter stammen.

Bis ins Jahr 2000 fuhr ich 20 Jahre lang als Kapitän auf Schiffen der Kleinen und Mittleren Fahrt. Es war eine aufregende Zeit. Mit dem Wissen, das mir an der Seefahrtschule Grünendeich vermittelt wurde und mit meiner Erfahrung, kam ich immer gut mit der See zurecht. Einige Situationen aber, so glaube ich heute, meisterte ich nur mit »der gütigen Hilfe des Himmels«.

So schildere ich in diesem Buch, wie ich es schaffte, mein gestrandetes Schiff wieder von den Felsen zu bekommen, und welche glücklichen Umstände dazu beitrugen, dass es die Irische See nicht mit Tausenden Litern Öl verseuchte. Doch auch zu anderen, weniger dramatischen, aber dafür humorvollen Geschichten lade ich Sie ein.

Es ließ sich nicht vermeiden, im Buch die üblichen Seefahrtsbegriffe zu benutzen. Nur so kommt beim Erzählen und

Lesen die richtige Atmosphäre auf. Für Leser mit wenig Kenntnis von der Schifffahrt habe ich am Ende des Buches eine Liste der benutzten Begriffe und deren Erklärungen angefügt.

Kommen Sie für einige erlebnisreiche Stunden zu mir an Bord. Ich zeige Ihnen anhand von wahren Erlebnissen, wie es in der Kleinen und Mittleren Fahrt wirklich zugeht. Ich führe Sie als Steuermann durch den Schiffsalltag, zeige, wie ich aus Erfahrung klug wurde, erzähle von der Besatzung, aus der Maschine, der Kombüse und dem Deck und schreibe auch über manche Schwierigkeit im Seefahrtgeschäft.

Als Kapitän, »eingeklemmt zwischen Poller und Tampen«, versuchte ich, es jedem recht zu machen – dem Charterer, dem Reeder und den eigenen Seeleuten an Bord. Meist gelang es.

Harry Banaszak
April 2008

Liebe Leserin, lieber Leser,

Sie können mir gern schreiben. Ich freue mich über Ihre Zuschriften mit Hinweisen und mit Lob oder Kritik. Und auch wenn Sie in diesem Buch etwas vermissen, teilen Sie es mir bitte mit. Vielleicht kann ich es in einer späteren Auflage, die es hoffentlich geben wird, nachholen.

Meine E-Mail-Adresse: harry@zeitgut.com

Käpt'n, der Hafen ist dicht

Die alte Saar, ein Küstenmotorschiff von 471 Bruttoregistertonnen, hüpfte in der Biskaya von Welle zu Welle. Nach drei Tagen im nordspanischen Hafen Pasajes waren die schaukelnden Planken wieder gewöhnungsbedürftig. Riesige Wellen aus West-Süd-West jonglierten das Schiff auf ihren schaumbesetzten Kronen. Nächster Hafen, so sagte der Kapitän, sei Rotterdam, aber wir hätten einen Zwischenstopp in Folkstone-Hafen, England, südlich von Dover.

Das Schiff war leicht zu Fuß. Die paar Kisten und Kasten für den englischen Hafen zählten kaum. Nur mit dem Ballastwasser kamen wir auf Tiefgang und die Schraube unter Wasser. Aber bei dieser See war sie mehr oberhalb. Immer wenn das Schiff auf dem Wellenkamm ritt und das Achterschiff frei über dem Wellental hing, wurde die Schraube zum Propeller. Damit die Maschine nicht durchdrehte und zu schnell wurde, verringerte ein Fliehkraftregler die Umdrehungen.

Das ewige Auf und Ab des Schiffes und das Röhren der sich mal schnell, mal wieder langsam drehenden Hauptmaschine war nervig. Schlaf wurde zum Fremdwort. Wir gingen die Wachen total übermüdet.

Ich hatte in meiner Koje eine Kiste Bier unter eine Seite der Matratze gestaut, damit ich an der Schräge etwas Ruhe fand und nicht hin- und hergeworfen wurde, doch das ungleichmäßige Maschinengetöse bohrte sich ins Gemüt. Zusätzlich klapperten Schranktüren, schepperten Leisten am Schott oder rutschten Gegenstände in den Schubladen geräuschvoll hin und her. Das Schiff war voller Eigenleben.

Völlig überspannt und mit schwarzen Rändern unter den Augen begrüßte die Besatzung das Leuchtfeuer von Ouessant. Ab hier begann der ruhigere Teil unserer Reise. Zwar trieb der Wind auch hier noch Schabernack mit der See und das Schiff vor sich her, doch die riesigen Wellenberge flachten ab. Das Schiff wechselte vom Rock'n'Roll zum Tango. Der Maschinenlärm wurde wieder monoton, einschläfernd, zum kla-

Die Hafenausfahrt von Pasajes in die Biskaya. Federzeichnung von Ewald Saul, Stade.

ckernden Brummeln. Die Normalität trat ein. Mit östlichem Kurs ging es in den Westausgang des englischen Kanals.

Langsam näherten wir uns der Straße von Dover. Der Kapitän befahl mir, rechtzeitig den Lotsen zu rufen, sonst müssten wir vorm Hafen ankern und bis zum morgigen Dienstbeginn der Lotsen draußen bleiben. Das hieße dann die ganze Nacht Ankerwache, kein Schlaf.

Ich versuchte die ganze Nachmittagswache hindurch, den Lotsen über UKW-Radio zu erreichen. Immer wieder rief ich: »Folkstone Pilot, Folkstone Pilot – *this is motorvessel Saar*, Delta Kilo Mike Lima!« Ohne Erfolg. Ich machte mir schon Sorgen, dass der Sender kaputt sei, denn empfangen konnte ich. Klar und deutlich hörte ich die Gespräche anderer Schiffe auf Kanal 16. Nur bei uns war der Wurm drin.

Wir kamen dem Hafen immer näher, ich rief und rief. Plötzlich ein Rauschen im Hörer. Hatte ich richtig vernommen? Antwortete der Pilot? Rief er unseren Schiffsnamen? Tatsächlich, ich hörte: »*German motorvessel Saar,* Delta Kilo Mike

Die M/S Saar bei achterlicher See in der Biskaya. Das Schiff tanzt Rock 'n' Roll und ist voller Eigenleben.

Lima, pppssss ommm ...«, dazwischen ein Zischen und Krächzen und dann ganz deutlich: »*CLOSER*, ommm *CLOSER*.« Verdammt, dachte ich, close heißt doch dicht, zu, kein Eintritt oder so ähnlich.

Sofort kam mir mein Englischlehrer von der Seefahrtschule in den Sinn, ich sah ihn genau vor mir, wie er mit den Lippen so eine Tute bildete und betont sagte: »*Close the door*« und »*The door is closed*«. Also, na ja, dachte ich, bei diesem Wind und der hohen See kein Wunder. Wir werden wohl doch vor Anker gehen müssen, um auf besseres Wetter zu warten.

Ich weckte den Kapitän. Der hätte zwar noch zwei Stunden schlafen können, doch wenn der Hafen dicht ist, muss er sich jetzt um einen geeigneten Ankerplatz kümmern. Später, in der Straße von Dover, wird man nicht ankern können. Bei Dover ist die Meerenge nur 34 Kilometer breit, dort verkehren viele Fähren, ist reger Schiffsverkehr.

Ich pustete also in die alte Flüstertüte, in ein Rohr, das von der Brücke direkt über der Kapitänskoje endet und mit einer

Pfeife verstöpselt ist. Unten kommt ein schriller Pfeifton heraus, der Tote weckt. Man kann auch von unten pusten und sprechen, dann pfeift es auf der Brücke.

Schade. Aus dem Einlaufen wird nichts. Diese Bauernnacht, auf die sich die ganze Mannschaft gefreut hatte, fällt aus. »Jaaa?«, meldete sich der Alte verschlafen. Ich hatte ihn bestimmt aus dem tiefsten Schlaf katapultiert. Aber wat mutt, dat mutt. »Käpt'n, der Hafen ist dicht«, flötete ich in das Sprechrohr. »Watt is dicht?«

»Der Hafen, Käpt'n, der Hafen.«

»Mhhh, ick komme«, stöhnte der Alte. Schwer hangelte er sich auf die Brücke. Ich erklärte ihm, was ich erfahren hatte, und er murmelte: »Dat darf doch nich wahr sein, Hafen dicht, hat's noch nie gegeben, is doch kein Nebel.«

Der Kapitän greift zum Hörer, ruft die ganze Litanei mit Delta Kilo Mike Lima in den Äther, drei Mal wiederholend, und siehe da, wieder das Geschrappe, Gezische im Radio und dazwischen die Worte: »*Please come closer, you are too far from here. Call again in one hour's time, over.*«

Der Alte schnäuzte sich erst mal kräftig, dann sagte er: »Tja, Stür, englisch müsste man können, dann wüsste man, dass closer eben nicht ›zu‹ wie die Tür zumachen, sondern ›näher‹ wie näherkommen heißt. Und damit Sie das begreifen, gehen Sie die Wache zwei Stunden länger, ganz nah bis zum Lotsen. Halbe Stunde vorher wecken. Aber nich so fest pusten. Bin doch nich schwerhörig.« Er drehte sich um und verschwand geräuschvoll hustend im Niedergang. Ich kam noch nicht einmal dazu, mein: »*Yes Sir*« anzubringen.

Also doch noch 'ne Bauernnacht. Den Seinen gibt der Herr auch Schlaf. Wieder mal Ruhe im Schiff, wenn auch nur für vier Stunden. Bis die Docker mit dem Schraubenschlüssel an Deck hämmern, zum Öffnen der Luken.

Jonny und die Kaffeekanne

Jonny ist ein feiner Kerl. Er ist groß und kräftig, manchmal ein wenig grummelig, aber er kann fest zupacken, versteht sein Handwerk, und das zählt. Seit seinem vierzehnten Lebensjahr fährt er zur See. Das macht ihn etwas kauzig, aber nicht unsympathisch. Jetzt ist er weit über zwanzig.

So manches Kümo hat er entrostet und von der Mastspitze bis zu den Decks mit dem Pinsel bearbeitet und viele Feudel verbraucht. Seine zugetörnten Stunden, zur normalen Wache, sind kaum zu zählen, und er ist immer noch mit Leib und Seele bei der Sache.

Und wenn manche den Seeleuten Geschichten anhängen – für Jonny stimmt keine. Jonny trinkt in Maßen, raucht nicht mehr, als er vertragen kann, und redet nicht viel. Mit dem Heiraten will er noch warten, schließlich gibt es in Kotka, Finnland, die Lisa und in Goole, England, die Anne. Seine Heuer reicht immer bis zum nächsten Vorschuss, und der Ziehschein geht regelmäßig nach Hause aufs Konto. Bei Jonny läuft alles in rechten Bahnen. Und irgendwann klappt es auch mit der Seefahrtschule. Aber das hat noch Zeit, sagt er.

Als Schlüsselmatrose an Bord achtet Jonny auf Ordnung und Hygiene.

Nur wenn er in der Messe so zwischendurch einen Schluck Kaffee trinkt, dann schnappt er sich die Kanne und schluckt direkt aus dem Schnabel. Zija, der türkische Decksmann, hat ihn des Öfteren beobachtet und findet das nicht lustig, aber ihn so einfach anzusprechen, traut er sich nicht.

Zija ist schmächtig, und mit seinen 70 Kilo Körpergewicht hätte er bei einer Auseinandersetzung gegen Jonnys 110 Kilo kaum eine Chance. Zija kennt auch das ungeschriebene, weltweit gültige Gesetz: »Der Stärkere hat immer recht.«

Recht hin, recht her, aber korrekt ist es nicht, so zu trinken, denkt er, schließlich ist der Kaffee für die ganze Mannschaft da.

Also geht er zum Steuermann auf die Brücke, der dort gerade Karten berichtigt, und sagt: »Steuermann, das ist nicht

Die Mug.
Federzeichnung von Ewald Saul, Stade.

gut, wenn der Jonny so an der Kanne rumsabbert. Das muss nicht sein. Vielleicht haben Sie ’ne Idee, wie wir ihm diese unappetitliche Trinkerei abgewöhnen können?«

»Gute Frage«, meint da der Stür, »ich werd darüber nachdenken.«

Auf der Brücke ist auch Jan, der Moses, beim Messingputzen, der ist ganz Ohr und hat das Gespräch mit angehört. »Das hab ich auch gesehen, wie der da an der Tülle nuckelt«, sagt Jan. »Ich hab mir ’n Kopp gemacht, wie man ihn davon abbringen kann. Ich denke, wir setzen die Tülle mal eben von innen mit ’n Korken dicht, und wenn er die Kanne an seinen Rüssel setzt, dann kommt der Kaffee nicht aus dem Schnabel, sondern unter dem Deckel hervor und schwappt über sein Gesicht.«

»Hervorragend, Mann«, freut sich der Steuermann, »dann merkt er bestimmt, dass auch wir was gemerkt haben.« Zija reibt sich schadenfroh die Hände, er sieht schon den Jonny, wie der die Kanne ansieht und die Welt nicht mehr versteht. Und er hört schon die Flüche. Jonny flucht nicht oft, aber wenn, dann deftig.

Und Jonny hat geflucht, dass die Schotten sich verfärbten, und er hat auch was gelernt: Seit dem Tag nämlich, als die Tülle verstopft gewesen und ihm der Kaffee über das Gesicht gelaufen ist, benutzt er eine Mug.

Alleine schon aus Vorsicht, nur um zu sehen, wo denn der Kaffee rauskommt. Man kann nie wissen.

Zwei Matrosen malen die Vorkante der Brücke weiß. Steuermann Heinz Büttelmann überprüft, ob die Seeleute auf der Stellage auch ihre Sicherheitsgurte angelegt haben.

Unser Koch Gustav

Köche sind Künstler und, wenn der Proviant an Bord zur Neige geht, auch Zauberkünstler. Auf einem Kümo mit 1000 Bruttoregistertonnen müssen Köche bei steifer Brise zudem Akrobaten sein und jonglieren können, damit sie die Pötte und Pannen unfallfrei bezwingen. Wenn diese Akrobatik fehlt, das Zaubern nicht gelingt und auch die Sauberkeit zu wünschen übrig lässt, dann gibt es Probleme, und der Steuermann ist gefragt. Denn der Alte, da kann man drauf wetten, wird sagen: »Stürmann, so geht das nicht, sieh zu, dass da unten wieder Ordnung herrscht, sonst komm ick.«

Unser Gustav von der Craigavad jedenfalls, von dem ich jetzt erzähle, der kam aus der Fischerei. Er konnte zaubern, konnte kochen, verstand sein Fach und wusste, dass die Klüten-Ewer-Fahrt längst vorbei war. Es gab nichts zu meckern. Die Sonntagshähnchen, die Gustav auf die Back brachte, waren immer genießbar, trotz ihrer oft tausend Flugstunden.

Aber war schlechtes Wetter und der Dampfer versuchte, in Ballast bei querlaufender See die Schiffsschaukel vom Hamburger Dom zu übertrumpfen, dann achtete Gustav nicht mehr auf den üblichen, aus der christlichen Seefahrt überlieferten Speiseplan, nach dem an jedem Tag der Woche ein ganz bestimmtes Mittagessen gekocht wird, an dessen Duft die Besatzung den jeweiligen Wochentag erschnuppern kann.

Er zauberte dann ganz einfach die aufgetaute Erbsensuppe vom letzten Samstag auf die Back, ohne Rücksicht auf den Wochentag. Auch wenn Donnerstag war, der Seemannssonntag, an dem es Schweinebraten, Salzkartoffeln mit Soße und Rotkohl zu geben hat und als Nachtisch Eis – er machte aus dem Donnerstag einfach einen Samstag. Und das war gegen die Regel.

Denn nur samstags darf es an Bord nach Erbsen mit Speck und Wurst duften. Nach dem Sonnabend kommt bekanntlich der Sonntag, und am Sonntag werden Brathähnchen erwartet. Da aber der Tag nach dem vermeintlichen Samstag ein Freitag war, der Tag mit dem Fisch, kam man durch Gustavs

Bei solchem Sturm wie hier in der Irischen See muss jeder Koch den Speisenplan umstellen und nasse Geschirrtücher gegen das Verrutschen der Teller auslegen.

Kochplan total durcheinander. Und es dauerte immer etwas, bis nach so einem Durcheinander die Wochentage wieder in der richtigen Reihenfolge auf dem Speiseplan standen.

War das Wetter wirklich ruppig und Gustav griff auf die Suppe zurück, dann legte er nasse Geschirrtücher auf die Back, um Teller und Schüsseln am Wandern zu hindern. So konnten wir gefahrlos aus dem halbvollen Teller löffeln, ohne uns zu verbiegen.

Wann Freitag war, wussten wir immer, egal wie sich der Schlorren auf See drehte und bewegte. Dank Gustavs akrobatischen und technischen Fähigkeiten blieb der Fisch immer in der Pfanne. Und der Freitagsduft konnte durch das Schiff ziehen und die Nasen der Besatzung kitzeln.

Gustav brutzelte den Fisch in zwei Pfannen. Die keilte er so gekonnt zwischen die Topfhalteleisten, dass sie mit dem Herd wie verschweißt waren. Und statt Salzkartoffeln mit heißem Fett servierte er dann eben Kartoffelsalat dazu. Der klebte natürlich auf dem Teller, und das war vom Koch so gewollt.

Gustav war diszipliniert. Er trank sehr mäßig, mit einer Kiste Bier in der Woche kam er gut aus. Und sauber war er auch. Die Kombüse hielt er in Schuss, die Bodenfliesen wurden immer geschrubbt, und der Herd und die Spüle glänzten zum Ausscheiden wie neu. Es gab fast nichts, was Gustav nicht auf die Reihe bekam.

Nur mit dem Wasserhahn in der Kombüse hatte er ein Problem: der suppte. Das Wasser lief und lief am Schott längs in den Schapp für Töpfe und Pfannen. Logischerweise fing es auch bald an zu muffeln. So sagte ich ihm eines Tages: »Eh, Koch, ich weiß, dass der Meister das Rohr zum Wasserhahn mit Bordmitteln nicht reparieren kann, das soll bei der nächsten Klasse mitgemacht werden. Stell da doch einfach eine leere Konservenbüchse unter. Die leerst du ab und an, und dein Schapp für die Pannen kann trocknen. Später kann es ausgemalt werden, und alles ist geritzt.«

»Nee, Stürmann«, antwortete er, »das geht nun wirklich nicht. Das schwabbelt bei See und scheppert da auf der Spüle hin und her. Nee, wirklich, Stür.«

»Und wenn du da einfach ’nen feuchten Backschaftslappen drunterlegst, wandert die Büchse nicht mehr.«

»Nee, nee, lassense man gut sein, da kommt keine Blechbüchse hin.«

Den Alten, der von dem tropfenden Wasserhahn in der Kombüse wusste, kümmerte das nicht weiter. »Wird in der nächsten Werftzeit gemacht«, sagte er nur. Und es tropfte, muffelte und gammelte unter der Spüle so sutsche vor sich hin.

Drei Wochen später kamen wir mit Holz von Finnland und gingen durch den Nord-Ostsee-Kanal nach England. Der Koch

Der neue Koch beim Tranchieren des Puters.

sollte in Kiel-Holtenau aussteigen. Da hatte ich einen Plan: Ehe der neue Koch an Bord kam, musste unter dem tropfenden Wasserhahn schon eine Büchse stehen, denn wie ich meine Kochsmaaten kenne, übernehmen sie die vorgefundenen Gegebenheiten und ändern kaum etwas.

Unsere Ankunft bei der Schleuse Kiel-Holtenau fiel in die Zeit meiner Wache. Auf Reede brauchten wir nicht zu ankern, der Lotse kam gleich an Bord. Wir sollten an die Mittelpier. Hier waren Telefon und Kiosk, das war praktisch. Man hatte mehr Zeit, um hier zum Inlandstarif mit der Familie zu telefonieren und im Kiosk die neuesten Zeitungen zu kaufen.

Gustav hatte seine Plünnen schon im Sack und freute sich auf die Ablösung. Ganz langsam schob sich das Schiff bei schönstem Sonnenschein und wenig Wind in die Schleuse. Wir machten mit Steuerbordseite fest. Die Festmacher hievten die Gangway an Bord. Der Koch stand schon an Deck und wartete auf den Ablöser.

Mein Job auf der Back war erledigt. Ich ging in die Kombüse und stellte eine leere Konservenbüchse auf einen feuchten Backschaftslappen unter die tropfende Stelle des Wasserhahns. Jetzt war die Büchse Bestandteil der Spüle.

Dann ging ich an Land, um zu telefonieren. Gustav kam mir entgegen. »Guten Urlaub, Gustav«, rief ich ihm zu, »bis bald mal wieder!« Er winkte nur und verschwand über das achterliche geschlossene Schleusentor zu seinem Taxi, das ihn zum Bahnhof bringen sollte. Dann kam der Schiffshändler mit dem Proviant: Gemüse, Obst, Brot, Fleisch und Wurst, Butter, Käse und zwanzig Kisten Bier. Ein paar Kisten Wodka auch und Zigaretten für den Zollschrank. In der Holzfahrt nach Finnland oder Schweden war dieser Stoff sehr gefragt. Na, und noch 120 Liter graue Außenbordfarbe waren geordert worden. Alle packten an, um die Lieferung so schnell wie möglich an Deck zu kriegen. Die Zeit war knapp, der Lotse drängelte. Die Schleuse war bereits offen. Verstaut wurde später.

Der neue Koch lebte sich schnell ein. Er verstand sein Fach, achtete auf den Speiseplan der christlichen Seefahrt und hatte gute Kümo-Fahrzeiten – sehr wichtige Dinge für ein gutes Miteinander.

Eine Woche war er nun schon an Bord. Wir waren wieder in Ballast auf den Weg nach Kotka. Ich kam zur Mittagszeit in die Kombüse und sagte, beiläufig auf die Konservenbüchse zeigend: »Na, die Büchse muss doch da nicht rumstehen, wie sieht denn das aus.«

Der Koch legte gleich los: »Nein, wo denken Sie hin, Steuermann! Der Wasserhahn tropft. Der Meister sagt, das wird erst in der Werft gemacht, und bis dahin kann doch das Wasser nicht unter die Spüle auf die Pötte laufen! Und die Büchse steht auf'n Lappen, da kann nichts passieren!«

Da hatte der neue Koch nun wirklich recht. Was nicht verändert wird, kann niemals falsch sein. Ich schwieg zufrieden.

1998 auf der M/S Inga. Bei stürmischer See hangeln sich zwei Seeleute an der von vorn nach achtern gespannten Sicherheitsleine über die Deckslast, um die Laschings der Holzladung zu überprüfen und nachzuspannen.

Sankt-Nikolaus-Tag an Bord

Das Schiff stampft in der Nordsee dem Nikolaustag entgegen. In der aufgewühlten See kämpft es mit den sich hoch auftürmenden Wellen. Zum Stiefelputzen, um dem Nikolaus zu gefallen, habe ich keine Zeit – ich stehe am Ruder und muss mich festhalten. Denn alles an Bord, das nicht fest ist, fliegt durch die Gegend. So bleiben meine Stiefel salzwasserverkrustet und matt.

Was soll's, denke ich, wenn dem Sankt Nikolaus, unserem Schifferheiligen, meine Schuhe nicht gefallen, sie ihm nicht sauber genug sind für Geschenke, okay, dann ist es eben so. Aber warum ist er überhaupt unser Schutzpatron? Dieser Frage werde ich nachgehen.

Täglich zur Nachmittagswache kommt Hans, unser Maschinist, Herr über ein paar tausend Pferdestärken, aus seinem »Keller« auf die Brücke, um mit mir eine frisch aufgebrühte Mug Kaffee zu schlürfen und sich schweigend an meiner Navigationskunst interessiert zu zeigen. Dann blättert er im Logbuch, aber nur so nebenbei, um das Etmal der letzten Wache zu erforschen (das sind die zurückgelegten Meilen, aus denen sich die Geschwindigkeit des Schiffes errechnen lässt). Das gehört auf See zu unserem Alltag wie der Nebel zu London. Manchmal wechseln wir auch drei Worte miteinander. »Wo ist die Milch?«

»Da im Schapp.« Und unsere Welt ist in Ordnung.

Heute aber will ich ein bisschen mehr aus ihm herauslocken. Ich weiß, Hans ist sehr belesen und ein wandelndes Lexikon. Während wir unsere Kaffeetassen entsprechend den Schaukelbewegungen des Schiffes ausbalancieren, damit das kostbare Nass nicht überschwappt, beginne ich: »Kannst du mir sagen, warum ausgerechnet Sankt Nikolaus der Patron aller Seeleute und Schiffer ist?« Hans Hans atmet tief ein und wieder aus und verzieht sein rundes Gesicht zu einem Lächeln. »Was, Stür, das weißt du nicht?«

Und nun kommt er in Fahrt, ist in seinem Element, jetzt kann er es mir mal so richtig zeigen und beweisen, dass sich

Nordsee ist Mordsee. Aufgewühlte See zum Nikolaustag. Das Spritzwasser dringt in jede Ecke und überzieht alle Aufbauten und Decks mit einer dicken Salzkruste.

Lesen lohnt und bildet – und dass er nicht nur die Maschine kennt. »Jaa, Steuermann, das war so«, beginnt er. »In der Legende über Sankt Nikolaus wird erzählt, wie der da in grauer Vorzeit ein stolzes Schiff aus Seenot rettete. Und diese Geschichte sprach sich unter den alten Seefahrern herum. Weil nun alle glaubten, dass die Rettung des schon leckgeschlagenen und mit gebrochenen Masten sinkenden Schiffes ein Wunder war und der Retter, Sankt Nikolaus, das nur mithilfe der Güte des Himmels und einer göttlichen Kraft schaffen konnte, wählten sie ihn zu ihrem Patron. Denn um auf See zu überleben, das weißt du genauso wie ich, werden oft Wunder gebraucht, auch heute noch, und dann ist es gut, einen göttlichen Verbündeten zu haben, den man in Not zu Hilfe rufen kann.«

Jetzt wusste ich alles über unseren Nikolaus. Ich staunte über Hans' Wissen. Und von dieser Minute an glaubte auch ich ganz fest an den heiligen Nikolaus und an seine göttliche

Kraft. »Danke, Hans«, sagte ich beeindruckt. »Beim nächsten Landgang gebe ich 'ne Brause aus!« Hans lachte.

Das Wetter blieb den ganzen Tag über schlecht. Es war ein widerliches Dezemberwetter. Zum Glück arbeitete die Hauptmaschine rund, Hans war ein guter Techniker, und es brachen auch keine Masten wie bei dem Schiff in der Legende. So gab es keinen Grund, Sankt Nikolaus zu rufen.

Mit Süßigkeiten in den Schuhen rechnete ich nicht, denn ich wusste, dass bei der letzten Proviantübernahme kein Naschzeug an Bord gekommen war. Daraus schloss ich, Geschenke zum Nikolaustag werde es nicht geben. Also Schluss mit Träumen von einer Tafel Schokolade.

Am Nikolausmorgen um 6 Uhr war Wachwechsel. Ich war so hundemüde, dass ich nur noch an Schlaf dachte. Gedankenverloren ging ich nach unten in meine Kammer, da sah ich ihn stehen, im Niedergang vor der Tür: den bunten Schokoladenweihnachtsmann. Nanu, dachte ich überrascht. Wer hatte den da hingestellt?

Ich habe nachgeforscht, es aber nie herausbekommen. Vielleicht war es wirklich der Sankt Nikolaus? Aber warum hatte er nur mich beschenkt? Denn die anderen, das habe ich später erfahren, hatten nichts bekommen. Vielleicht, weil ich wohl der Einzige an Bord war, der seit heute fest an ihn glaubte.

Als Dankeschön an den Nikolaus stellte ich zum Mittag für die ganze Besatzung eine Kiste Bier auf die Back. Das kann nicht schaden, dachte ich mir. Die Leute fanden das gut und tranken auf meine Gesundheit und vor allem zu Ehren von Sankt Nikolaus.

Sommer 1995 auf der M/S Esmeralda im Mittelmeer. An einem arbeitsfreien Sonntag ließ der Steuermann aus einer Persenning einen Pool bauen und mit sommerlich warmen Seewasser füllen. Der Maschinist sorgte mit einer Pumpe für stabilen Wasserstand, weil der Pool nicht ganz dicht war.

Die Rache des Lotsen

Es war recht früher Morgen, und die Lampen waren noch voll damit beschäftigt, die Brunsbütteler Schleuse des Nord-Ostsee-Kanals auszuleuchten, als der Lotse an Bord kam. Wir begrüßten uns fast freundschaftlich. Es tat gut, mal wieder vertraute Laute von jemand anderem als dem Steuermann oder dem Maschinisten zu hören. Mit dem Rest der Besatzung sprach ich englisch, mehr schlecht als recht. Heute wollte ich mal wieder richtig in meiner Muttersprache palavern.

»Moin, Kapitän.«

»Moin, Lotse. Tasse Kaffee? Milch und Zucker steht auf dem Tisch. Zigarette?«

»Nee, danke, hab aufgehört.« Dann folgten die üblichen Fragen:

»Glatter Gang?«

»Ja.«

»Wo kommen Sie her?«

»England.«

»Wie war die Überfahrt?«

»Hatten Schiebewind.«

»Wo geht's hin?«

»Finnland, Holz holen.«

»Tiefgang?«

»Wir sind in Ballast.«

»Ach ja, natürlich.«

Das Schleusentor ging auf. Die Festmacher holten die Gangway ein, Leinen los vorne und achtern, und schon hallte vom alten Schiffsmotor das vertraute Abgasgeräusch aus dem Schornstein.

Ganz sutsche nahm unser Kümo Fahrt auf. Der obligatorische Blick des Lotsen auf seine Uhr. »15 km/h, Sie wissen«, sagte er dabei. »Klar, ich weiß«, war meine Antwort.

»Stufe drei am Hebel!«

»Okay.«

In den Feldern und Wiesen am Rande des Kanals schwebten Nebelschwaden und tanzten um Bäume und Buschwerk.

Es versprach ein sonniger Tag zu werden. Noch schliefen die meisten Möwen, bis auf einige, die vom Schiff aufgescheucht wurden und laut protestierend in die Luft schossen. Der Himmel färbte sich vom Dunkel der Nacht über das den Morgen ankündigende Violett ganz langsam zu einem hellen Rosa. In einigen Häusern am Ufer des Kanals brannte schon Licht, Menschen bereiteten sich für den neuen Tag vor. Es war fast romantisch. Ich hatte das Gefühl, zu Hause zu sein. Das war Deutschland um mich herum, ich spürte es, und heute Nachmittag würde ich zu normalen Gebühren mit meiner Frau und den Kindern telefonieren.

Die Manöverfahrten in den Schleusen und im Kanal sind oft sehr nervig. An Bord ist es dann unruhiger als auf See. Trotzdem liebe ich den »Graben«, wie wir den Nord-Ostsee-Kanal nennen. Manchmal habe ich den Eindruck, die Fahrt hier ist wie Urlaub. Der Lotse sagt, der Lotse macht, und die Welt ist in Ordnung.

Nur heute war es etwas anders. Mein anfängliches Mitteilungsbedürfnis war durch den Redefluss des Lotsen gebremst worden. Ich hörte nur zu und schwieg. Er erzählte von Schiffen, die ich nicht kannte, von fremden Kapitänskollegen, die ich nie sehen würde, redete über den letzten Sturm, den auch ich letzte Woche erlebt und in der Nordsee überstanden hatte, über Reedereien, die heuern und feuern und ausflaggen und den Hals nicht vollkriegen. Dann brachte der Koch das Frühstück auf die Brücke.

Die gebratenen Rühreier mit Speck und Zwiebel auf einem Teller, dessen Rand mit halben Tomaten und etwas Petersilie garniert war, versetzten meinen nautischen Berater in Erstaunen und verschlugen ihm förmlich die Sprache. Das frisch geröstete Toastbrot lugte, nicht zu braun und nicht zu hell, aus dem mit einer Papierserviette ausgelegten Brotkorb. Und Butterflocken, die wie kleine Pralinen auf einem Teller thronten, von Salamischeiben, gekochtem Schinken und hauchdünn geschnittenem Gouda umgeben, gaben unserem Frühstück die besondere optische Note. Frischer Kaffeeduft stieg in die Nase. »Toll!«, sagte der Lotse, »hätte ich nicht gedacht!« Dann ließ er es sich schmecken.

Unser Koch war gut. Er hatte Spaß daran zu zeigen, dass er mehr kann als nur Hähnchen braten und Erbsensuppe kochen. Und vor allem, dass auch wir in der Kleinen Fahrt einen vernünftigen Proviantsatz fahren.

Inzwischen hatten wir die Grüntaler Brücke passiert. Die Sonne kletterte immer höher. Der volle Bauch produzierte gute Laune, und unser Lotse begann, Anekdoten zum Besten zu geben. Das gefiel mir besser als die Schluderei über andere.

Fischerhütte ging es glatt durch, nur noch knappe zwei Stunden bis Nübbel, zum Lotsenwechsel. Dann war die halbe Strecke geschafft. »Wo wir gerade vom Lotsenwechsel sprechen«, begann der Lotse, »dazu habe ich eine echt lustige Geschichte auf Lager. Wilhelm, ein Lotsenbruder von uns, allgemein als Spaßvogel bekannt, lotste einmal ein etwas größeres Küstenmotorschiff durch den Kanal, dessen Kapitän auch gleichzeitig der Eigner war und als recht geizig bekannt. Man merkte es am dünnen Kaffee, Zucker gab es überhaupt nicht, und zum Mittag servierte der Moses immer eine Wassersuppe. Und die Lotsen mussten ihre eigenen Zigaretten rauchen.

Wilhelm sann darüber nach, wie er dem Geizkragen einen Denkzettel verpassen könnte. Das Schiff näherte sich der Lotsenstation Nübbel. Lotsenwechsel. Als das Lotsenboot längsseits kam und der Kieler Kollege an Deck zu sehen war, sagte Wilhelm: »Kapitän, oh, ich sehe da den Kieler Lotsen, er ist ein sehr guter Nautiker, wissen Sie, nur sehr schwerhörig. Man muss immer sehr laut mit ihm reden.

›Verstehe‹, brummelte der Kapitän.

Wilhelm begab sich an Deck, fing den Kollegen an der Lotsentreppe ab und sagte ihm: ›Rechtsdrehende Schraube, gutes Schiff, nur, weißt du, der Kapitän ist verdammt schwerhörig, du musst schon sehr laut sprechen, wenn er was hören soll.‹

›Krieg ich hin‹, antwortete der Kollege.

Wilhelm kletterte auf das Lotsenboot, winkte nach oben und hörte durch das Motorengeräusch hindurch zwei brüllende Stimmen, die sich oben in der Nock lautstark begrüßten. Er griente in sich hinein und war sehr mit sich zufrieden.

»Jetzt waren wir auf der Höhe der Breiholzer Fähre. Mein Lotse goss sich noch eine Tasse Kaffee ein. Die Fähre wartete etwas und passierte uns achtern. »Noch eine knappe Stunde bis zum Wechsel«, sagte mein Lotse. »Eine Geschichte können wir noch.« Und er begann: »Ja, das war so: Hannes kam nach neun Monaten aus der Großen Fahrt auf Urlaub. Wenn er auf See war, kamen der Ziehschein für seine Ex und die Alimente für den Sohn immer mit der Post. Nur jetzt, selber an Land, ließ er das Geld abholen, dabei sah er auch mal wieder seinen inzwischen achtzehn Jahre alt gewordenen Stammhalter.

›Eh, Alter, na, wie geht's?‹

›Gut, Mann‹, antwortete Hannes und gab dem Sohn das Kuvert mit dem Geld. ›Und nu‹, meinte Hannes, ›schönen Gruß an deine Mutter, und sag ihr, du bist jetzt achtzehn Jahre alt, und das hier sind die letzten Puseratzen und dann kiek mal, wie sie kiekt.‹ Der Sohn, wieder bei seiner Mutter angekommen, bestellte den Gruß und erzählte, dass das nun das letzte Geld vom Vater sei, und fügte noch hinzu: Wenn ich dir das sage, soll ich kieken, wie de kiekst.‹ Darauf sagte die Mutter: ›Na, da kannste mal gleich noch mal zu dem Alten gehen und auch ihm einen schönen Gruß bestellen und sagen: Mutter sagt danke und lässt dir sagen, ich bin gar nicht dein Sohn. Und dann kiek mal, wie der kiekt.‹«

Inzwischen kam die Lotsenstation Nübbel immer näher, und mein Lotse machte sich fertig, um von Bord zu gehen. Die Hälfte der Kanalpassage war geschafft. Wir verabschiedeten uns, und ich vergaß nicht zu erwähnen, dass ich immer noch gut hören konnte. Da lachte er und sagte: »Käpt'n, warum sollte ich – so ein Frühstück wie bei Ihnen an Bord bekommt man kaum in einem Sterne-Hotel. Tschüs, bis zum nächsten Mal!«

Hatt du Spritta?

Es war wie verhext, immer liefen wir im Morgengrauen ein. Das Los des Steuermanns ist es dann, trotz der Nachtfahrt, die er hinter sich hat, nun die Beladung des Schiffes kontrollieren zu müssen. Schlaf ade – damit musst du leben.

Als der Lotse für den finnischen Holzhafen Mäntyluoto um halb vier an Bord kam, weckte ich den Alten. Noch war er verschlafen und müde, als er auf die Brücke kam. Aber das sollte sich nach dem Festmachen des Schiffes sogleich ändern.

Vorn auf der Back wuselten zwei Seeleute herum, sie machten die Leinen klar zum Anlegen. Die Pier, unser Ladeplatz, lag vor uns. Spiegelglatt war die Wasseroberfläche des Hafenbeckens. Nur wenige Strahler beleuchteten die Schuppen voller Paketholz. Holz für England, das darauf wartete, mit Mobilkränen auf unser Schiff verladen zu werden.

In der feuchtkalten Morgenluft, die aus den Bottnischen Meerbusen mit dem schwachen Seewind herüber wehte, hing der für Mäntyluoto typische Geruch von Holz, Kienspan und Sägemehl. Ganz langsam schoben wir uns an den Kai. Festmacher nahmen die Leinen entgegen und warfen sie über die Poller an Land. Kaum waren wir mit dem Schiff vertäut und die Gangway, die das Schiff mit dem Land verbindet, war ausgebracht, lösten sich plötzlich aus dem Schatten der Holzstapel sechs dunkle Gestalten und stürmten an Bord. Männer der Schwarzen Gang, einer Spezialeinheit der finnischen Zollfahndung.

Jetzt hatten wir Probleme. Und der Alte wurde hellwach.

Die Seeleute verschwanden sofort in ihren Kammern und klarten in ihren Schaps auf, und wer genau hinhörte, der vernahm das Plumpsen der über Bord geworfenen Flaschen mit Wodka und Whisky. Zu kurz war die Zeit, um die Flaschen zum Beispiel an einer Angelsehne aus dem Bulleye ins Wasser zu hängen. Auch einige Stangen Zigaretten schwammen plötzlich im Wasser.

Gewöhnlich war der Makler gleich nach dem Einlaufen des Schiffes als Erster an Bord. Heute ließ er auf sich warten. Auch die Festmacher verzogen sich schnell. Und von den Leuten, die sonst gut informiert über die genaue Ankunftszeit, das Schiff mit dem Ruf „Hatt du Spritta“ enterten, noch vor der Emigration und Zollabfertigung, war heute keiner zu sehen.

Irgendjemand hatte unser Schiff beim Zoll angezeigt. Vielleicht einer, der bei der letzten Reise nichts mehr bekam, weil unsere Jungens bereits „ausverkauft“ waren. Oder jemand ist volltrunken aufgegriffen worden und hatte geplaudert, von wem er preiswert den Schnaps gekauft hatte, der in Finnland sonst so wahnsinnig teuer war.

Am schlimmsten traf es Hans, den Meister, der in der Maschine von der Zollgang total unvorbereitet überrascht wurde. Drei Flaschen Wodka und vier Stangen Ami-Zigaretten fanden sie bei ihm. Die nahm der Zoll gleich mit, und statt der erwarteten Einnahmen in Finnmarkas erhielt er eine saftige Geldstrafe in DM.

Der Alte war besser dran, munter geworden, konnte er noch schnell seinen „Überhang“ in den Zollschrank packen. Und ich desinfizierte schweren Herzens mit meinen zwei Flaschen Whisky die Toilette. An Zigaretten hatte ich nur 200 Stück im Regal, die waren in der Zoll-Liste deklariert und auch erlaubt. Handel mit Zigaretten brachte aus meiner Sicht ohnehin nicht viel, das Geschäft war voller Risiken. Insgesamt hielt sich mein Verlustgeschäft also in überschaubaren Grenzen. Es zahlte sich aus, nicht gierig zu sein. Am Ende macht ja auch Kleinvieh Mist.

Unabhängig vom Geschehen am Morgen verlief der Rest des Tages sehr arbeitsintensiv. Also normal. Ein Holzpaket nach dem anderen wurde geladen und in den Laderaum gestaut. Der Rest der Pakete kam auf die Luke und an Deck. Vollbeladen bis an die Marke liefen wir noch spät in der Nacht aus. Zeit ist Geld, auch in der Seefahrt.

Obwohl nach dem verwässerten Wodkageschäft die Stimmung der Mannschaft nicht gerade prima war und keiner Lust hatte, ein Wort darüber zu verlieren, sagte Mäcki der Decksmann, in das allgemeine Schweigen hinein: „Das war das letzte Mal, dass die vom Zoll mich so anschieten haben. Jetzt werd´ ich´s denen zeigen.“ Mäcki hatte eine Idee.

In den nächsten Tagen entfernte er aus seinem alten Schaub-Lorenz-Radio, dessen großzügig bemessenes Holzge-

Die Holzdeckslast ist mit Ketten und Spanngurten gesichert. Wir sind auf dem Weg vom finnischen Holzhafen Mäntyluoto nach England. Und Zöllner gab es damals noch überall. Vor uns passieren zwei Englandfähren.

häuse reichlich Stauraum bot, alle Röhren, den Sockel und Spulen. Nur den Lautsprecher ließ er an der eingebauten Stelle. Dann klemmte er eine Batterie mit einer Taschenlampenbirne hinter die Senderskala, schloss mit einem Kabel den Lautsprecher an das Radio vom Kumpel aus der Nachbarkabine und füllte nun Reise für Reise das Radioinnere mit Zigaretten und einigen Liter-Flaschen Wodka. Bei Zollkontrollen spielte dezent das Radio, die Skala war beleuchtet und nie hat ein Zöllner das Radio auf Schmuggelgut untersucht.

Mäcki hatte für seinen Schnaps und die Zigaretten nun das

sicherste Versteck an Bord. Dank der garantierten Lieferungen hatte er bald einen festen Abnehmerkreis, der ihn immer mit der in ganz Skandinavien verbreiteten Frage: „Hatt du Spritta?“ begrüßte.

Von seinem erschmuggelten Geld wurde er sicher nicht reich, er besserte nur seine Heuer auf, damit er seine Damen, die ihn ab und an in den Häfen besuchten, etwas großzügiger honorieren konnte. So verhalf ihm die Idee mit dem Radio vielleicht zu etwas mehr Zärtlichkeit.

Die Schmach, dass er beim Schmuggeln ertappt wurde, ließ auch unseren Maschinisten Hans darüber nachdenken, wie er in Zukunft erfolgreich durch die Zollkontrolle schlüpfen könnte. Mäckis Idee fand er gut, nur die alten Radios gab es nicht mehr an jeder Ecke zu kaufen – schon gar nicht beim Schiffshändler. Aber Heizkörper würde er bestellen können, in jeder Größe und sogar auf Kosten des Reeders. Also ging Hans zum Alten und sagte: „Käpten, ich brauche für die Maschine einen neuen Heizkörper, mit neun Rippen, in der Maschine leckt einer, Gusseisen ist schwer zu schweißen, und der nächste Winter kommt bestimmt.“ „Wenn du meinst“, sagte der Alte, „dann schreib ick den mit auf. Bis Kiel-Kanal musst du aber noch warten.“

Kiel-Kanal-Schleuse kam der neue gusseiserne Heizkörper mit neun Rippen, 76 cm hoch und 69 cm breit, für 24 Liter Wasserinhalt. Erst jetzt vertraute Hans dem Alten an, was er mit dem Heizkörper wirklich vorhatte und bestellte gleichzeitig für die Rückreise 24 Flaschen klares Wässerchen, zwei Kisten Wodka also. Der Alte erklärte ihn für verrückt.

Aber der in der Schlafkammer des Meisters installierte und blind angeschlossene Heizkörper war bald, noch vor dem Radio, der beste Schnaps-Versteck an Bord. Der Wodka wurde durch das präparierte Entlüftungsventil in den Heizkörper gegossen und nach der Zollabfertigung das Schiffes aus dem umgebauten Ablassventil in die leeren Flaschen zurückgefüllt. Und damit es in der Kammer nicht nach Destille roch, brannten immer, wenn der Zoll an Bord war, exotische, intensiv duftende Räucherstäbchen im Raum.

Auch dieses Versteck ist, soweit ich weiß, bis zur Verschrottung des Schiffes vor 20 Jahren, von keinem Zoll der Welt entdeckt worden.

Womit ein Steuermann sein Geld verdient

Schon als wir mit dem Schiff den finnischen Hafen Kotka verließen, war die Sicht miserabel. Aber draußen auf See, nachdem der Lotse von Bord gegangen war, wurde sie noch schlechter.

Vor uns lagen bis zum Nord-Ostsee-Kanal, Kiel-Holtenau, über 680 Seemeilen. Eine Schiffsreise von zweieinhalb Tagen. Der Wetterbericht hatte für die ganze Ostsee Sichtbehinderungen vorausgesagt. Das klang nicht gut.

Im finnischen Meerbusen dann betrug die Sichtweite höchstens ein Kabel. Das Radarbild ersetzte die Sicht. Nur an seiner Vorausanzeige tasteten wir uns voran und dampften blind durch die See. Manchmal war der Nebel so dicht, dass sogar der Vormast über der Decksladung nicht zu sehen war. Zwei Lagen Holz hatten wir an Deck. Das Schiff war abgeladen bis an die Marke. Ballastwasser hielt den Gewichtsschwerpunkt unten und so das Schiff stabil.

Unsere beiden Radargeräte arbeiteten zuverlässig. Wir navigierten äußerst vorsichtig. Mein Adrenalinspiegel hatte den Höchststand erreicht. Der des Kapitäns bestimmt auch. Anfangs lief das Schiff nur mit halber Kraft voraus. Später im freien Seeraum wagten wir es, den Hebel auf den Tisch zu legen.

Dies war eine besondere Reise: Ich war nicht allein. Meine Frau war mit unserem 11-jährigen Sohn Frank an Bord. Vor fünf Tagen waren sie in der Kieler Kanalschleuse Holtenau für eine Reise nach Finnland eingestiegen. Und nun diese Nebelfahrt, die vollste Konzentration verlangte und mir kaum Zeit ließ, mich ein bisschen um die Familie zu kümmern!

Meine Frau war verunsichert, zu oft hatte sie schon von Schiffskollisionen im Nebel gehört. Außerhalb des Schiffes gab es keinen festen Punkt, an den sich das Auge klammern konnte. Kein Wasser war zu sehen, keine Kimm, man hörte nur das Rauschen der Bugwelle. Der Horizont hatte sich versteckt. So fehlte das Gefühl der Sicherheit.

Unser Schiff, das Küstenmotorschiff M/S Ostediek, im Hafen klar zum Holzladen. Die senkrechten Stützen für die Holzdeckslast sind schon gesetzt.

Ich nahm meine Frau in den Arm und beruhigte sie. »Sieh mal«, sagte ich, »für die Nebelfahrt haben wir zwei gut arbeitende Radargeräte, die zeigen uns, wenn andere Schiffe zu nahe kommen.« Unser Junge fand das alles sehr abenteuerlich und aufregend, eigentlich hatte nur er seinen Spaß an diesem »Blindflug«.

Nach der Lotsenabgabe blieb der Kapitän noch über eine Stunde auf meiner Wache, bis wir auf dem richtigen Kurs waren, dann ließ er mich allein. Für die nächsten zwei Stunden, bis zum Abendbrot um sechs, starrte ich auf den Bildschirm, und Sabban, der Matrose, stand in der Nock und horchte in die Waschküche hinein.

Die Seewachen der Besatzung waren in vier Stunden Wache auf acht Stunden Freiwache eingeteilt, wie die Vorschrift es verlangt. Die Wachen des Kapitäns und des Steuermannes aber, die die Verantwortung für Besatzung, Schiff und Ladung

Schnell noch ein Foto von mir, solange die Sonne scheint, sagte meine Frau und drückte auf den Auslöser.

trugen, waren anders. Sie durften nach dem Gesetz für die Kleine Fahrt sechs um sechs Stunden auf der Brücke stehen.

Zusätzlich verlangte bei Nebel und unsichtigem Wetter ein anderes Gesetz die ununterbrochene Anwesenheit des Kapitäns auf der Brücke. Wie diese Rechnung im auch heute noch üblichen Zwei-Wachen-System aufgehen sollte, das wissen vielleicht nur die Götter.

Als der Kapitän um vier Uhr nachmittags nach unten ging, um für zwei Stunden die Füße hochzulegen, also gegen das

Sommer 1977 in Hamburg. Unser Sohn Frank auf dem Ankerspill. Er liebte schon als kleiner „Butscher" das Abenteuer und die Technik.

Gesetz verstieß, begann es bereits dunkel zu werden. Die seitlichen Positionslampen färbten mit ihrem Licht die Nebelschwaden rot und grün. Rechtvoraus hing ein weißer Schein in der Luft, von der vorderen Topplampe hineingedrückt. Sonst war es dunkel um uns, alles in dicker Watte.

Unten im Maschinenraum tatöffte die Hauptmaschine. Der Hilfsdiesel, unser Jockel, ließ fleißig die Elektrik wirbeln, damit der Kreiselkompass, die beiden Radargeräte, die automatische Ruderanlage, die Radiostation und das ganze Schiff Strom hatten. Die Antennen unserer Radargeräte drehten sich summend am achterlichen Mast und über dem Peildeck. Und so machten wir Meile um Meile. Von Zeit zu Zeit strapazierten wir das Nebelhorn.

Bevor der Alte nach unten ging, sagte er: »Erst wenn ein Echo auf dem Bildschirm ist, schalten Sie die Nebelhorn-Automatik ein. Sonst stehen alle senkrecht in der Koje, das muss nicht sein.« Die Nebelhorn-Automatik löst alle zwei Minuten einen zwanzig Sekunden langen Ton der Schiffssirene aus und soll Schiffe warnen, die in der Nähe sind.

Der nächste Tag, nahe Gotland, lockte sogar die Sonne hervor, aber diesig blieb es trotzdem. Die Sicht hatte sich gebessert auf gut eine Meile. »Jetzt können wir uns wenigstens freigucken«, sagte der Alte. Noch einen Tag weiter passierte das Schiff die Insel Bornholm, und wir kamen in die Westliche Ostsee. Der Schiffsverkehr nahm zu, wir dampften volle Fahrt voraus. Erst vor der dänischen Halbinsel Gedser mit dem Fährhafen und den vielen querlaufenden Fähren wurde es mit der Sicht wieder eng. Böse Nebelschwaden zogen auf, und man konnte die Hand nicht vor Augen sehen.

Auch bei der Schifffahrt gibt es Vorfahrtsregeln. Die heißen genau wie an Land: rechts vor links, steuerbord vor backbord. Unser Sohn war wieder ganz bei der Sache und beobachtete auf dem Bildschirm des zweiten Radars die Schiffsbewegungen der vor uns passierenden Schiffe.

Plötzlich sagte er: »Ich werde auch Steuermann! Vielleicht auch Kapitän!«

»Ach nee, warum denn das?«, war meine Reaktion. »Das ist doch klar«, sagte er. »Du hast immer 'ne Kaffeetasse in der Hand, guckst aus dem Fenster oder ins Radar und verdienst viel Geld.«

Heute fliegt er mit Hubschraubern der Bundeswehr durch die Lüfte. Dabei kann er zwar keine Kaffeetasse in der Hand halten, aber guten Sold bekommt er trotzdem.

Die Hafenliegezeit und das schöne Wetter werden genutzt. Das Schiff bekommt einen neuen Außenbordanstrich. Gearbeitet wird wasserseitig vom Arbeitsfloß, dass der Matrose hier gerade verholt

Begegnung in Bordeaux

Wenn ich mit meinem Schiff europäische Häfen anlaufe, treffe ich oft bekannte Gesichter. Manchmal ist es ein Lotse, der mich schon einmal beraten hat, oder ein mürrischer Agent, dem meine Nase nicht gefiel, doch meistens ist es der freundliche Schiffshändler und manchmal auch ein übereifriger Vorarbeiter. Und dann freue ich mich, wenn auch sie mich erkennen und sich an mich erinnern. Das ist ein gutes Gefühl und sagt mir: Du gehörst dazu, zum Teil dieser weiten Welt.

Doch manchmal überraschen mich ganz besondere Begegnungen, die eigentlich kein Zufall sein können. So eine Begegnung hatte ich in Bordeaux.

Als wir mit der gerade entladenen *M/S Ostestrom* den irischen Hafen Cork verließen, hatten wir noch keine konkrete Order. Nur: »Richtung Kontinent«, sagte der Reeder, »und später melden, wir arbeiten dran.«

Solche Aussagen waren in der kleinen Trampfahrt üblich. »Lass dich überraschen«, sang der Steuermann und hatte Lust zum Wetten: »Rotterdam, Hamburg, noch weiter östlich oder gen Süden nach Spanien – was meinen Sie?« Nach sechzehn Stunden kam die richtige Order: »Bordeaux, Frankreich, Gerste laden.«

Mit Lotsenberatung schob sich das Schiff durch die trüben Wasser der Gironde und Garonne bis nach Bordeaux. Ablaufendes Wasser bremste die Fahrt. Erst am späten Abend erreichten wir unseren Liegeplatz am Fluss. Es roch nach Tang, der an der Spundwand klebte.

Gleich hinter den Lagerhäusern lag die Stadt mit ihren vielfach noch mittelalterlichen verwinkelten Gassen und großflächigen Plätzen. Bordeaux war ein guter Landgangshafen, aber teuer. Als der Lotse von Bord ging wünschte er mir einen guten Aufenthalt in der Stadt mit ihren guten Weinen und dem milden Klima, wie er betonte.

Aber das Klima kümmerte sich überhaupt nicht um seinen Ruf. An diesem Novemberabend war es kalt, dunkel, nass und trüb. Die Möwen saßen in Reihen auf den Dächern der Schuppen und ruhten sich aus. Die Lampen an der Mole mühten sich, mit ihrem Licht das Pflaster zu erreichen und die dort eingelassenen Eisenbahnschienen glänzen zu lassen. Herbststimmung.

Außer uns lagen noch eine Reihe anderer Schiffe am Kai, größere und kleinere; sie bildeten mit ihren Deckstrahlern längs des Flusses eine Lichterkette. Vor uns dümpelte ein Schiff aus Polen, groß, dickbauchig und schwarz, am Schornstein das große Z der polnischen Schifffahrtslinie. Die helle Deckbeleuchtung an den weißen Aufbauten blendete. Breit und behäbig zerrte es an den Trossen, die es mit dem französischen Festland verband.

An Deck des Schiffes, am Ende der Gangway, stand ein Wachmann wie eh und je. Es könnte ja jemand an Bord oder vielleicht unbemerkt an Land gehen. Viel hat sich seit damals nicht geändert – alles unter Kontrolle, dachte ich und erinnerte mich an die Zeit, als ich in Polen lebte und den Seemannsberuf wegen meiner deutschen Herkunft nur eingeschränkt ausüben durfte. Seeschiffe waren für mich tabu. Das hatte sogar dazu geführt, dass ich auf einer Kolchose arbeiten musste, um zu überleben, bis ich endlich in meine Heimat zurückkehren durfte.

Und ausgerechnet hier in Bordeaux holte mich die Zeit des Kalten Krieges und des Eisernen Vorhangs wieder ein. Dabei hatte ich schon alles vergessen, verdrängt, denn schon lange lebte ich in Freiheit und fuhr als Kapitän zur See.

Aber da war noch etwas anderes hier in Bordeaux, es hing förmlich in der Luft, ich spürte es – was konnte das nur sein?

»Wir beginnen erst morgen früh zu laden«, sagte der Makler. Wir hatten die Fragen zur Ladung geklärt, saßen noch einen Augenblick zusammen und tranken einen guten Whisky. Heute durfte ich das, wir lagen ja im Hafen. Die Leute nutzten die Bauernnacht zu einem ergiebigen Landgang, denn die Stadt lockte mit seiner sündigen Meile.

Auch der Steuermann hatte sich schon in Schale geworfen. Jetzt steckte er seinen Kopf durch die Tür und sagte: »Ich geh dann mal los, aber vorher gucke ich noch rüber auf den Polen wegen Handschuhen, wollen Sie auch welche?«

Unser Schiff, die M/S Ostestrom, wird in Cork entladen. Dann fahren wir erst einmal auf „Verdacht“ in Richtung Kontinent und bekommen unterwegs die Order, in Bordeaux Gerste zu laden. So ist Trampfahrt.

»Okay«, meinte ich, »vielleicht hat da noch jemand Arbeitshandschuhe ganz aus Leder.«

Die polnischen Seeleute verkauften die von ihrer Reederei gestellten Arbeitshandschuhe, das Paar für nur eine Mark, die ganz ledernen kosteten zwei Mark. Für uns aus dem Westen war das ein echtes Schnäppchen, für die Matrosen aus dem Osten aber harte Valuta. Das hatte sich in Seefahrerkreisen herumgesprochen und war bestimmt die Geburtsstunde der späteren Polenmärkte. Das Geschäft florierte.

Als ein polnischer Seemann einmal gefragt wurde, warum er so geschäftstüchtig sei, sagte er lachend: »Wir sind schließlich *Handels*marine!«

Im Schiff wurde es langsam ruhiger. Der Maschinist hatte den Hafenjockel laufen, der Koch spülte noch schnell die Fliesen der Kombüse, die Seeleute hatten sich abgemeldet. Ich freute mich auf die ruhige Nacht und wollte mal wieder richtig ausschlafen.

Da klopfte es an der Tür. Ein fremder Seemann im Arbeitspäckchen und mit Pudelmütze auf dem Kopf stand vor mir. Er zeigte mir ein paar helle lederne Arbeitshandschuhe und sagte: »Ihr Mate sagen, Sie Handschuhe wollen, ich bringen.«

»Gut, gut, kommen Sie rein.« Der Mann trat in den Salon, die Pudelmütze hatte er sich vom Kopf gezogen und klemmte sie nervös zwischen die Handschuhe in seiner Linken, als ich ihm meine Hand zur Begrüßung reichte. »Banaszak«, sagte ich. Er antwortete: »Blaszak!« Wir sahen uns an, und er kam mir bekannt vor, obwohl ich ihn noch nie gesehen hatte.

»Kapitän?« Er schaute mich an. »Tak«, sagte ich. »Wir können auch polnisch sprechen.« Er freute sich, nicht radebrechen zu müssen. Ich bezahlte ihm die zwei Paar Offiziers-Arbeitshandschuhe und lud ihn dann zu einem süffigen deutschen Bier ein. Wir unterhielten uns darüber, wo er herkomme, welches der letzte Hafen gewesen sei, welche Ladung er an Bord hatte.

Plötzlich schien er etwas zu überlegen und meinte: »Ihr Name kommt mir sehr bekannt vor. Kommen Sie aus Sroda bei Posen?«

»Nein, aber mein Großvater väterlicherseits war dort zu Hause.«

»Ist Ihr Vater vielleicht Frisör von Beruf?«

»Ja«, erwiderte ich überrascht.

»Heißt er Siegmund?«

»Ja«, bestätigte ich erneut.

»Dann ist er der Freund meines Vaters. Die beiden haben ihre Jugendzeit miteinander in Sroda verbracht und waren eng befreundet. Vom Siegmund hat mein Vater sehr viel erzählt.«

Jetzt wusste ich, was da in der Luft gelegen hatte: Es war die Ankündigung dieser unglaublichen Begegnung. Das musste begossen werden! Ich stellte zu den Bierflaschen Whisky auf den Tisch und klingelte nach dem Koch, der noch ein paar Appetithäppchen zauberte. Wir Söhne, Tadek und ich, feierten das unverhoffte Kennenlerntreffen in einer Novembernacht in einem Hafen außerhalb der Grenzen unserer Länder, und wir redeten die ganze Nacht über unsere Väter.

Das Schicksal hatte die beiden Freunde Janek und Siegmund über Jahrzehnte getrennt. Ein Wiedersehen erlebten sie nicht mehr. Jetzt führte die Vorsehung ihre Söhne auf eine wunderbare Weise zusammen – vielleicht, um das unsichtbare Band der Freundschaft zu erneuern.

Es war früh am Morgen, als Tadek zurück auf sein Schiff ging. Doch vorher versprachen wir einander, uns regelmäßig zu treffen. Leider ist bei der christlichen Seefahrt die Einlösung solch eines Versprechen schwierig. War ich an Land, fuhr Tadek zur See. Hatte er seinen Urlaub, war ich unterwegs. So vergingen die Jahre, und wir haben uns nie wiedergesehen.

Von diesem Treffen erzählte ich meinem Sohn. Bestimmt weiß auch Tadeks Nachkömmling von der Begegnung in Bordeaux. Wenn die Fügung es will, werden auch unsere Söhne irgendwann, irgendwo einmal auf eine wundersame Weise zusammenkommen über ihre Väter reden und das zerrissene Band neu knüpfen.

1999 auf der M/S Inga. Bei voller Fahrt voraus macht ein Hubschrauber der britischen Coastguard unter der schottischen Küste eine Rettungsübung, bei der Männer auf dem Schiff abgesetzt und von dort wieder abgeholt werden.

Der Jockel springt nicht an

Wir dampften von Rotterdam nach Goole, England, einem Hafen mit uralten, engen Schleusen und Kaimauern aus purem Granit. Unser Kümo hatte Container geladen, zwei Lagen an Deck.

Bei Spurn Head kam der Lotse an Bord. Die Sonne schien, die See war leicht kabbelig, und Ernst August Potzel, mein Maschinist, kam ins Ruderhaus auf einen Klönsnack. Der Humber floss träge mit der Tide landeinwärts. Auf dem Fluss war wenig Betrieb, die Tide war günstig, und es ging ohne Ankern direkt nach Goole.

Ernst August und ich guckten uns an, nickten einander zu und waren schweigend im Gespräch vertieft. Während der Wachen auf See redeten wir nie über unnützen Kram, denn wir wussten schon im Voraus, was der andere sagen würde. Und genau das war es, was uns zusammenschweißte, zum Team machte. Nach den vielen Jahren, die wir zusammen fuhren, verstanden wir uns ohne viele Worte.

In diesen friedlichen Bordtag hinein, während das Schiff mit der auflaufenden Tide gut vorankam, geschah auf der Höhe von New Holland Dock etwas völlig Unerwartetes. Eine dunkle Rauchwolke schoss aus dem Schornstein in den blauen Himmel, und wir hatten einen totalen Stromausfall an Bord. Maschinenalarm schreckte uns auf. Ernst August düste in den Fettkeller.

Der Hilfsdiesel, Jockel Nummer eins, war stehen geblieben, hatte aufgehört, Strom zu erzeugen. Ich zählte: »21 – 22 – 23«, nach drei Sekunden begann Nummer zwei mit der Arbeit. Diese drei Sekunden ohne Strom nahmen weder der Mutterkompass vom Kreisel noch die elektrische Ruder- und Selbststeueranlage übel. Gott sei Dank. Alles lief weiter wie geschmiert. Auch die Hauptmaschine drehte und bewegte sich wie gehabt.

Und dennoch hatte sich einiges verändert. Denn wir hatten nur zwei Hilfsdiesel an Bord, und einer davon arbeitete nicht mehr.

Feuerschiff »Spurnhead« vor der Flussmündung des Humber, diente den Schiffen zur Positionsbestimmung und half dadurch sicherer zu navigieren. Heute sind viele dieser Feuerschiffe durch große Ansteuerungstonnen ersetzt worden.

Als Ernst August zurück auf die Brücke kam und meldete: »Der Jockel springt nicht mehr an«, war schon alles gesagt, und ich wusste, dass jetzt nur noch ein Diesel arbeitete. Für den Einsatz des Bugstrahlruders zu wenig Strom, zu wenig Kraft. Und ich wusste auch, dass bei diesem Wind und dieser kräftigen Tide das Einlaufen in Goole zu einer kleinen Katastrophe werden konnte.

Der Lotse, der ja den Maschinenalarm auch gehört hatte, fragte: *»What's going on?«*

»Our bowthrust is out of order«, sagte ich. Darauf verzog er sein Gesicht zu einer mürrischen Grimasse, als hätte ich ihn beleidigt. Ich ahnte nichts Gutes.

Auf dem River Ouse vor den Schleusen des Hafens gab der Lotse den Befehl: *»Anker let go!«* Der Anker rauschte in das trübe Wasser des Flusses, das Schiff drehte den Bug in die Strömung. Der Anker hielt, und wir hatten nur wenig Abdrift. So konnte das Schiff dicht an den Molenkopf manövriert werden. Auch Herbert, unser Matrose, hatte einen guten Tag – schon mit dem ersten Versuch bekam er die Schmeißleine an Land. So konnten die Festmacher die lange Spring unverzüglich entgegennehmen und an der Pier über den Poller legen.

Das Schiff tatschte sutsche die Mole, Fender knirschten zwischen Bordwand und hartem Stein. Die Seeleute auf der Back machten ihre Sache gut. Und der Lotse zeigte zum ersten Mal ein entspanntes Gesicht, als sich das Schiff gemächlich über die Spring in die Schleusenkammer schob. Auch etwas später, in den verwinkelten Hafenbecken, kamen wir gut um die Ecken. Dann endlich war das Schiff fest, ohne Schrammen ohne Beulen. Mir fiel ein Stein vom Herzen.

Nach der Einklarierung rief ich sofort unseren Reeder an und meldete, dass der Einser streike, das Schiff jedoch auch ohne Bugstrahlunterstützung heil durch die Schleuse gekommen sei. Das aber überhörte er. Der Ausfall des Motors schien auch ihn beleidigt zu haben. Ich spürte es an seiner kurz angebundenen Art, als er zusagte, Montagefacharbeiter zu ordern. »Aber erst für Rotterdam«, bellte er in das Telefon.

Aha, dachte ich, der Hilfsdiesel soll auf dem Kontinent von Spezialisten überholt werden, da ist es billiger, und es entstehen keine Flug- und Hotelkosten. Er mutete mir eine Reise mit einem Sicherheitsrisiko zu. Offenbar hatte er gemerkt, dass ich ihn durchschaut hatte, denn fast entschuldigend und um mich zu überzeugen fügte er hinzu: »Auf der Insel könnte es Schwierigkeiten mit der Beschaffung von Ersatzteilen geben.«

Und weil jeder weiß, was ein Schiff kostet, das nicht auslaufen kann sagte ich: »Schon gut, schon gut, Sie sind der Boss, Sie zahlen die Zeche.« Doch ich hatte kein gutes Gefühl, denn ich trug die Verantwortung für Besatzung, Schiff und Ladung. Ich war der Kapitän. Aber wieder bewahrheitete sich Hein Seemanns Spruch: »Ein Kapitän denkt, doch der Reeder lenkt!«

Etwa 250 Seemeilen, also 463 Kilometer, sind es bis Rotterdam. Bei einer Durchschnittsgeschwindigkeit von 10,4 Knoten und mittelprächtigem Wetter waren das vierundzwanzig Stunden Stress. An schlechtes Wetter wagte niemand zu den-

Ernst August (links) und ich in der Nock, während das Schiff sich der Lotsenstation bei Spurn Head nähert.

ken. Ernst August opferte sich, er kontrollierte den nun einzigen stromerzeugenden Hilfsdiesel während der Überfahrt fast stündlich und hatte kaum Schlaf. Wehe, wenn auch der ausfallen würde, das Schiff wäre verloren.

Mit dem einzigen noch arbeitenden Jockel, den wir an Bord hatten, durfte bis Rotterdam wirklich nichts passieren. Ohne Strom ist ein modernes Schiff hilflos und nicht zu manövrieren. Doch wir hatten Glück. Rasmus war gnädig. Die Tiden waren mit uns, und wir erreichten Rotterdam ohne Komplikationen.

Als wir einliefen, warteten schon zwei Monteure an der Pier. Sie bauten den Motor auseinander und legten ihn auf die Flurplatten. Jedes Teil wurde begutachtet, jede Schraube gereinigt und einiges erneuert. Zwölf Stunden arbeiteten die Männer ohne Pausen. Dann lief der Diesel wieder, allerdings qualmte er wenig vertrauenerweckend.

»Der muss sich erst einlaufen. Das ist immer so«, sagte einer der Monteure. Ernst August, mein Chief, zuckte nur mit der Schulter und meinte: »Na, ich traue dem Braten nicht.« Vielleicht muss das so sein, dachte ich. Die Monteure sind Spezialisten, die wissen, wovon sie reden.

Zwischenzeitlich war das Schiff beladen und wieder klar zum Auslaufen nach Goole. Die 22 Seemeilen lange Revierfahrt über den Rotterdam'schen Wasserweg bis zur Maas-Center-Tonne verlief recht zügig. Ernst August kam in seinem frisch gewaschenen roten Kesselpäckchen und seinem zünftig um den Hals gebunden Schweißtuch vor der Lotsenabgabe noch kurz auf die Brücke. Seine fröhlichen und verschmitzt lachenden Augen sagten mir: Im Fettkeller ist alles okay. Und die Seefahrt ist schön.

Bei Maas Center verließ der holländische Lotse unser Schiff. Sein Job war beendet. Er wurde von einem kleinen offenen Boot abgeholt, das ihn zum Lotsendampfer übersetzte.

Jetzt musste unsere Hauptmaschine von Revier- auf Seebetrieb umgestellt werden. Dazu gehörte auch die Abschaltung des zweiten Hilfsdiesels. Nur ein Jockel arbeitete dann, das reichte, und der zweite war auf Stand-by.

»Ich lasse den überholten Jockel am Netz, damit der sich einläuft«, sagte Ernst August und verholte sich vier Etagen nach unten in die Maschine. Die Selbststeueranlage hielt das Schiff im Verkehrstrennungsgebiet auf Kurs. Der Koch brachte frischen Kaffee auf die Brücke.

Die Sonne verschwand im Westen auffallend groß und glänzend hinter der Kimm, für morgen früh auffrischende Winde verkündend. Aber dann würden wir schon unter der englischen Küste schippern, und zum Abend würden wir im Hafen liegen. Auf diese Bauernnacht freute ich mich schon – und auf das frisch gezapfte englische Bier im Pub nahe dem Hafen.

Unerwartet riss mich Maschinenalarm aus den Gedanken. Ich schaute instinktiv nach achtern und sah wieder diesen unheilvollen schwarzen Rauch aus dem Schornstein drängen. Dann röhrte und knatterte es im Schornstein. Ich hörte, wie

Unheil verkündender schwarzer Rauch quillt aus dem Schornstein. Dann blieb der Jockel einfach stehen.

der zweite Diesel ansprang. Wenigstens darauf war Verlass. Der schwarze Rauch verzog sich und wurde von durchsichtigem, hellgrauem Qualm abgelöst. Das Schiff hielt seinen Kurs. Das Radargerät zeigte auch weiter korrekte Echos, und ich spürte einen dicken Kloß im Hals.

Nach kurzer Zeit kam Ernst August auf die Brücke, kreideweiß um die Nase. »Mist«, sagte er nur, aber mit so einem verachtenden Ton, der mehr als tausend Worte wog. »So was Verrücktes. Schiet auch. Was ist bloß los mit dem verflixten Jockel?«

Das mit dem Reeder geführte UKW-Gespräch mit der Bitte um Monteure für den Service unseres Einsers war trotz verschlüsselter Angaben sehr gut verstanden worden. Dennoch wurde ich wieder auf Kontinent und Rotterdam vertröstet. Das zweite Spiel, derselbe Spruch. Ernst August schüttelte nur den Kopf.

Dann ging alles seinen schon bekannten Gang. Eine leichte Delle an der Steuerbordseite war absolut nicht zu vermeiden – der Fender war Manuel, dem Decksmann, verrutscht, als wir in die Gooler Schleuse dampften. Aber wo gefahren wird, kann's auch mal Beulen geben. Wieder in Rotterdam, hatten Ernst August und ich einige Haare weniger auf dem Kopf. Der durchlebte Stress zeigte seine Wirkung.

Dieselben Herren Monteure warteten wieder an der Pier. Wir begrüßten uns wie alte Kumpels, die schon mal ein gemeinsames Ding gedreht haben. »Erst mal ein Käffchen«, schlug ich vor, und wir gingen in die Messe. Sprachlosigkeit ist die richtige Bezeichnung für die Reaktion der Spezialisten auf die Frage, warum der »Scheißjockel« nicht lief. »Mal sehen«, war ihr einziger Kommentar, wobei sie mit den Achseln zuckten.

Der Steuermann, die Seeleute und ich bereiteten uns schon auf eine ruhige Nacht im Rotterdamer Hafen vor. Das Schiff war für einen halben Tag aus der Charter genommen worden, damit genügend Zeit für einen Probelauf zur Verfügung stand. Die Monteure und Ernst August werkelten im Maschinenraum. Wie lange das dauern würde, konnte niemand vorhersagen. Man meinte, es würde eine lange Nacht werden.

Damit der Koch für den möglichen Landgang nicht so viel Arbeit zum Aufklaren der Kombüse hatte, gab es heute in der Wochenmitte nur »Kalte Platte«, die eigentlich dem Sonntagabendessen vorbehalten war. Gerade war ich dabei, mir ein Brot zu schmieren, als Ernst August in die Messe trat und über das ganze Gesicht griente.

Umständlich wischte er sich mit einem Putzlappen den Schweiß von der Stirn und sagte: »Halt dich fest, das glaubst du nie! Wir haben den Fehler. Alle haben verkehrt gedacht.

Ernst August Potzel im Maschinenraum bei der Arbeit. 2006 ist er kurz vor seinem 73. Geburtstag gestorben. Er war ein guter Seemann und Maschinist. Aber vor allem war er ein ehrlicher Freund.

Sogar die beiden Monteure wundern sich, dass sie das nicht gecheckt haben: Der Luftfilter war dicht! Der Jockel kriegte einfach keine Luft. Eigentlich klar, bei der schwarzen Auspuffwolke, die da in die Luft schoss.«

Eine halbe Stunde Probelauf genügte, dann verholten wir unter die Containerbrücke. Gegen Morgen war das Schiff beladen, und wir fuhren, jetzt mit zwei vernünftig arbeitenden Jockeln in der Maschine, wieder auf Engeland.

»Man muss doch jeden Scheiß selber prüfen«, philosophierte Ernst August. »Die Monteure dachten, ich wäre bei den Filtern gewesen, und ich dachte, die hätten alles betatscht. Der Anschiss lauert eben überall, was soll's! Das war ein Denkfehler, ein verdammt dicker sogar.«

Der Chartervertrag

Wieder hatte die Reise einen halben Tag länger gedauert, als die Leute im Büro des Charterers ausgerechnet hatten. Es ist zum Junge-Hunde-Kriegen – vier Wochen sind wir erst mit dem Schiff in dieser Charter, und schon haben wir drei Tage vergeigt. Das Schiff ist einfach zu langsam für dieses Fahrtgebiet. Was soll ich machen?

Nun steht der Agent vor mir im Salon. Einen Kaffee, ein Bier oder einen guten Whisky hat er strikt abgelehnt. Im Allgemeinen gehört aber das gemeinsame Anstoßen bei einem Gespräch im Kapitänssalon, zur Not auch mit Kaffee, zu den geschäftlichen Höflichkeiten. Heute gefällt mir der Clerk, Herr van Gool, überhaupt nicht. Aber hingesetzt hat er sich wenigstens.

In der Hand hält er einige Schriftstücke, mit denen er sich Luft zufächelt, als wäre ihm zu warm. Ich sehe ihn gespannt an. Erst jetzt fällt mir sein grimmiges Gesicht auf. Dann legt er los. »Hier, Kapitän, das ist der Chartervertrag«, er tippt mit dem rechten Zeigefinger auf die Papiere, »und in diesem Vertrag steht es schwarz auf weiß: Das Schiff macht 12,5 Knoten. Von Antwerpen bis Greenore in Irland sind es ohne Revier genau 623 Seemeilen, also 623 Seemeilen geteilt durch 12,5 Meilen die Stunde ergeben genau 49,8 Stunden. Und wie viel Zeit haben Sie gebraucht? Ganze zwölf Stunden, einen halben Tag, haben Sie allein auf diesem Teilstück der Reise verloren. Nur 10 Knoten haben Sie gemacht. Nur 10 Knoten im Schnitt.« Der Agent wedelt mit dem Vertrag, als würde er Fliegen scheuchen, und knallt ihn dann auf den Tisch.

»Das kann nicht angehen, Käpt'n, dass Sie diese einfachen vertraglichen Abmachungen ignorieren, und das schon seit Wochen. Sie haben in keiner Reise den errechneten Zeitplan eingehalten.« Und dann poltert er weiter: »Aufgrund unserer Beschwerde, dass Sie die Terminpläne der Rundreisen Antwerpen–Greenore–Cork–Antwerpen nicht einhalten, teilte uns Ihr Reeder mit, dass Sie einfach überfordert seien, weil Sie neu an Bord sind, sich mit der Technik dieses modernen Schif-

Morgensonne im Hafen. Gleich kommt der Vertreter des Charterers und erklärt mir, dass wir mit unserem Schiff zu langsam sind.

fes nicht auskennen und deshalb die Maschinenanlage nicht bedienen können, um die maximale Kraft aus der Anlage herauszuholen. Ich verstehe nicht, warum Ihr Reeder Sie noch entschuldigt, anstatt abzulösen! Was sagen Sie dazu?«

Was soll ich sagen? Der Mensch nervt mich, wie der sich hier aufführt, und diese Unterstellung verschlägt mir ganz einfach die Sprache. Ich bin im wahrsten Sinne des Wortes sprachlos. »Wenn Sie nicht in der Lage sind, das Schiff entsprechend der Vereinbarungen zu führen«, quakt der Typ weiter, »und Ihr Reeder belässt Sie weiter an Bord, müssen wir auf Ihre Ablösung bestehen, oder das Schiff fliegt aus der Charter. Ihr Boss wird sich freuen!«

Okay, auf dieser Reise haben wir uns wieder eine Verspätung von zwanzig Stunden eingehandelt. Aber allein schon auf der Hinreise war alles gegen uns. Wind, See – und sogar die Tide lief so unglücklich, dass wir einmal mehr den Flutstrom von vorn hatten, als dass wir mit ihm liefen. Manchmal machte das Schiff nur knappe 8 Knoten über Grund.

Dann die 200 Seemeilen von Greenore nach Cork. Ab Tuscar Rock, der südöstlichsten Ecke von Irland, brieste uns der Südwest im St. George's Channel mit gut 8 Beaufort voll ins Gesicht. Wir kamen kaum voran. Meterhohe Wellen ergossen sich über das Schiff, und zu allem Überfluss reduzierte die angesprochene moderne Technik, eine Automatik an der Maschinenanlage, die Umdrehungen der Hauptmaschine, damit die Abgastemperaturen im zivilen Bereich blieben.

Diese Technik dient der Sicherheit, okay. Ein wichtiger Punkt in der Seefahrt. Bei Maschinenausfall hilflos auf See zu treiben, ist der Albtraum eines jeden Seemannes. Diese »Sicherheitstechnik« jedoch hätte beim Errechnen der mittleren Geschwindigkeit des Schiffes berücksichtigt werden müssen. Wissentlich hatte der Reeder diesen Umstand dem Charterer verschwiegen und lockte, um den Vertrag zu bekommen, nur mit der angegebenen Höchstgeschwindigkeit des Schiffes, die in ruhigem, stehendem Wasser und bei absoluter Windstille von der Werft bestimmt worden ist und mit den realen Bedingungen auf See überhaupt nichts zu tun hat.

So blieb mir, wie auf den vorherigen Reisen auch, wieder nur die Möglichkeit, die Ankunftszeiten für Cork und die anderen Häfen laufend zu korrigieren. Der Reeder weiß das und spielt trotzdem den Unschuldigen. Mich benutzt er als Sündenbock. Ich bin sauer, müde, abgespannt und dazu noch unterbezahlt. Vor allem aber bin ich wütend. Am liebsten würde ich mich jetzt mit dem Zitat des Götz von Berlichingen verabschieden und allen ins Gesicht schreien: »Macht doch euren Scheiß alleine.«

Aber mein Heuervertrag lässt das nicht zu, ich würde mich strafbar machen. Und noch habe ich ein bisschen Gefühl von Ehre und Verantwortung. Also bleibe ich cool, hole tief Luft und versuche, so sachlich wie nur möglich zu bleiben. Es fällt mir verdammt schwer. In meinem Inneren kocht und brodelt es.

Zum ersten Mal in den vielen Jahren meiner Seefahrt fühle ich mich betrogen. Die auf Lügen basierende Auslegung einer so logischen Sache wie des Errechnens der Reiseroute unter Berücksichtigung des Fahrtgebietes und der Technik, die tatsächlich zur Verfügung steht, treibt mir die Zornesröte ins Gesicht.

»Lieber Herr van Gool«, antworte ich leicht gepresst, »es ist zwar alles schön und gut, auch beim ersten Hinsehen richtig, was Sie mir sagen, doch wir fahren zur See – hier haben wir es mit den Gewalten der Natur zu tun, mit Wind und Wetter, mit den Tiden und den Wellen und nicht nur mit Seemeilen und Geschwindigkeiten, die, wie Sie meinen, nur mal multipliziert oder dividiert zu werden brauchen, um den Zeitplan einer Rundreise zu bestimmen. Sie glauben also, ich kenne mich mit dieser sogenannten modernen Technik nicht aus. Gut. Was würden Sie sagen, wenn Ihnen auf der Autobahn eine Technik, die unter der Kühlerhaube Ihres Autos angebracht ist, bei Gegenwind und Regen automatisch die Umdrehungen reduziert, damit sich zum Beispiel der Motor nicht überhitzt und es keinen Kolbenfresser gibt? Und wenn Sie dann statt der im Fahrzeugbrief angegebenen Höchstgeschwindigkeit nur noch schlappe 100 Kilometer in der Stunde machen, ist das dann Ihre Schuld? Sind Sie deshalb kein guter Autofahrer, weil Sie auf diese Technik keinen Einfluss ausüben können?«

»Ja, ja, nein«, stottert Herr van Gool, nun doch etwas verunsichert. »Aber das gehört nun wirklich nicht hierher«, versucht er seinen Kopf aus der Schlinge zu ziehen. Doch mein Argument scheint ihn nachdenklich gemacht zu haben. Das freut mich. Ich werde innerlich ruhiger und suche nach weiteren Beispielen, um ihn zu überzeugen und das geldgesteuerte und unwürdige Verhalten meines Brötchengebers zu entlarven.

Plötzlich habe ich eine Idee – der Herr im Himmel muss sie mir eingegeben haben –, wie ich diesem aufgeplusterten Schlaumeier und der ganzen Möchtegernseefahrtspedition beweisen kann, dass sie die Schuld für die Unpünktlichkeit und Nichteinhaltung des Fahrplans bei sich selbst und beim Schiffseigner zu suchen haben.

Inzwischen ist auch mein Steuermann in den Salon getreten. Ein Zeuge bei dieser Unterhaltung ist für mich hilfreich und gut. Denn auch der Steuermann ist angegriffen worden und hält dieses Spielchen für eines Reeders unwürdig. Schließlich ist auch er, als nautischer Schiffsoffizier, am Gelingen der Reisen maßgeblich beteiligt.

Hohe See, Wind und Tide bremsen die Fahrt des Schiffes, unser Zeitplan gerät durcheinander. Hier eine besonders hohe Welle im Westausgang des englischen Kanals, in deren Wellental unser mit Containern beladenes Schiff gerade eintaucht.

Herr van Gool sieht sich nun zwei Seeleuten gegenüber, aber dennoch gibt er nicht auf. Immer wieder erklärt er, dass meine Argumente nur zur Entschuldigung meines eigenen Versagens dienen, und mit dem Spruch »Wer sich verteidigt, klagt sich an« versucht er, mich mundtot zu machen.

Ssso, jetzt komm ick, denke ich und erinnere mich an meinen alten Kapitän aus dem Kehdinger Land, der das immer sagte, wenn er eine wichtige Entscheidung zu treffen hatte. In den Jahren, in denen ich als Steuermann mit ihm gefahren bin, habe ich viel gelernt.

»Sagen Sie, lieber Herr van Gool, ich habe da mal eine Frage.« Van Gool sieht mich überrascht an. Er wundert sich über meine unerwartete Freundlichkeit, die doch gar nicht zu der augenblicklichen Situation passt. Mein Steuermann grient. Er kennt mich schon längere Zeit und weiß, wenn ich so scheißfreundlich werde, halte ich eine Überraschung bereit.

»Sie fahren doch einen Sportwagen, oder?« Ich will van Gool jetzt an seiner sportlichen Ehre packen, ihn provozieren. Denn ich weiß, er fährt einen Porsche. Und er wäre lieber Rennfahrer geworden als Clerk eines Seefahrtkontors. »Ja«, antwortet er leicht irritiert, »einen Porsche 924, Turbo, Typ 931, warum fragen Sie?«

»Wissen Sie, ich habe so gedacht, der Wagen muss doch ganz schön schnell sein. Was macht der denn Spitze?«

»Na, bei den 177 PS, so gute 230 km/h!«

»So, also 230 Kilometer in der Stunde.«

»Worauf wollen Sie hinaus?«, fragt Herr van Gool und beginnt zu schwitzen, denn er scheint zu ahnen, dass ich irgendeine Schweinerei mit ihm vorhabe. »Sie fahren doch oft von Antwerpen nach Rotterdam, stimmt's?«

»Ja, dort ist auch ein Büro von uns.«

»Und wie viele Kilometer sind das?«

»So 101 Kilometer«, gibt mir Herr van Gool bereitwillig Auskunft. »Also, 101 Kilometer«, sage ich. Jetzt ahnt mein Gegenüber, was ich vorhabe, und wird blass. Klaus, der Steuermann, hat ebenfalls mitgedacht und hält mir schon den Taschenrechner hin.

»Ihr Wagen macht 230 Kilometer in der Stunde, bis Rotterdam sind es 101 Kilometer ...« Ich blicke kurz auf und sehe, wie van Gool sich den Schlips lockert und den obersten Hemdknopf öffnet. Ich tippe den Dreisatz in den Rechner und lese ab: 26,4. So ruhig ich nur kann, sage ich: »Jetzt haben wir es. Sie brauchen also von Antwerpen bis Rotterdam genau 26,4 Minuten, stimmt's? Oder wie viel Zeit brauchen Sie wirklich, Herr van Gool?«

»Unmöglich, was rechnen Sie denn da, wir haben doch Verkehrsregeln, Ampelanlagen, Geschwindigkeitsbegrenzungen und Verkehr, wo denken Sie hin? Unter einer Stunde und etwa zwanzig Minuten ist da nichts zu machen«, erwidert Herr

Weil das Schiff den Fahrplan nicht einhalten kann, kommt es in Greenore, Republik Irland, nicht gleich in den Hafen und muss auf der Reede ankern. Warten bis die Pier frei ist.

van Gool ungehalten. »Gut«, sage ich, »da machen Sie also nur …« Wieder bemühe ich den Taschenrechner und spreche laut mit: »101 Kilometer geteilt durch die gefahrene Zeit von 80 Minuten mal 60 ist gleich 75 km/h. Also, da erreichen Sie mit Ihrer tollen Kiste nur eine Geschwindigkeit von 75 Stundenkilometern. Nur ein Drittel dessen, was in Ihren Papieren steht. Und?« Ich lächele triumphierend. »Sie sind also total überfordert, kennen sich mit der modernen Technik nicht aus...«

Herr van Gool weiß nichts zu sagen. Er starrt hilflos erst den Steuermann, dann mich an. »Sehen Sie«, bringe ich das Gespräch auf den Punkt, »mit unserem Schiff ist das genauso. Es macht 12,5 Knoten über Grund in stehendem Wasser, das heißt in ruhiger See ohne Wind, aber sagen wir mal: nur 9 Knoten über Grund, wenn der Tidenstrom, der Wind und die Wellen von vorne kommen. Sie verstehen, was ich meine. Genau wie Ihr schneller Wagen im Schnitt nicht 230 Stundenkilometer im Straßenverkehr macht, sondern nur etwa 75, einen Teil nur von dem, was in den Papieren steht. Und das ist doch in Ordnung. Oder wie sehen Sie das?«

Herr van Gool sagt überhaupt nichts. Er steht auf und geht, ohne Gruß. Er ist fertig mit dieser Welt. Die Geschichte mit seinem Sportwagen ist ihm unter die Haut gegangen und auch ins Gehirn. Mein Beispiel hat überzeugt und wurde meinem Brötchengeber unter die Nase gerieben. Sein Verhältnis zu mir wurde von Stund an kühler, aber er ließ mich in Ruhe. Ich machte meinen Job, und nach vier Monaten Bordanwesenheit ging ich in den verdienten Urlaub. Er nutzte die Gelegenheit, sich von mir zu trennen.

Nach vierzehn Tagen bekam ich ein Telegramm mit der Kündigung. Das war zwar ungesetzlich, doch bei einer Einstellung von »heuern und feuern« nicht anders zu erwarten. Ich legte keinen Widerspruch ein und wurde nach dem Urlaub durch Vermittlung des Heuerstalls Cuxhaven von einer seriösen Reederei eingestellt, für die ich dann viele Jahre fuhr.

Spanische Nacht

Wir lagen mit unserem Schiff in dem südspanischen Hafen Motril, um die 3000 Tonnen Kunstdünger aus Gabes, Tunesien, zu löschen. Nach fast fünf Seetagen wollte ich wieder festen Boden unter meinen Füßen spüren und beschloss, an Land zu gehen. Der Weg in die Stadt führte mich am Jachthafen vorbei, der gleich hinter dem kleinen und übersichtlichen Hafenbecken lag. Die Schiffe dümpelten in der bewegten Wasseroberfläche vor sich hin und reckten ihre Masten in den abendlichen Himmel. Eine frische auflandige Brise vertrieb die Hitze des Tages. Ich hörte die klackernden Geräusche der losen Seile, die vom Wind bewegt an die Masten schlugen.

Allein der Gedanke an ein schönes Glas Wein versetzte mich in Hochstimmung. Ich fühlte mich frei, aber verdammt einsam. Solche Spaziergänge machen keinen Spaß, auch dort nicht, wo Palmen die Straße säumen und aus den niedrigen weißen Häusern mit den grünen Fensterläden würzige Gerüche entweichen. Ein englischer Kollege formulierte das einmal so: »*To get the full value of joy, you must have someone to divide it with.*« Auch in der schönsten Umgebung fühlt sich ein Seemann immer fremd. Man muss einfach jemanden haben, mit dem man die Freude teilt.

Im letzten Schein der Abendsonne sah ich den Eingang zu einem Weinkeller, einer Bodega. Zehn Stufen führten hinunter in den Schankraum. Schinken hingen zum Trocknen unter der verräucherten Decke des Gewölbes, und der Wein wurde in Fässern hinter der Theke gelagert, die am Ende des Raumes seine ganze Breite einnahm. Dämmriges Licht. An den unverputzten Wänden und über den Fässern brannten nur ein paar Lampen. Die herben Ausdünstungen der Schinken mischten sich mit dem etwas säuerlichen Geruch, den die Weinfässer verbreiteten. Hier unten war es angenehm kühl. Nur zwei Gäste saßen auf hohen hölzernen Stühlen am Tresen, sonst war der Raum leer. Die Männer sprachen spanisch und tranken Wein. Einheimische, dachte ich, vielleicht Fischer. Vor ihnen auf der blank gescheuerten Platte standen

Vor der südspanischen Küste. Kapitän auf der Brücke.

neben der Flasche und den Gläsern ein Teller mit Tapas und eine Schüssel Erdnüsse.

Auch ich setzte mich auf einen der Stühle. Lange wollte ich nicht bleiben; ein, zwei vino, mehr sollte es nicht sein. In einer beleuchteten Glasvitrine am linken Ende des Tresens lockten Tapas. Die Fischhäppchen, Oliven, Salate und gebratenen Hähnchenflügel ließen mir das Wasser im Munde zusammenlaufen. Mit den wenigen spanischen Brocken, die ich beherrschte, bestellte ich: »Einen *vino tinto,* bitte.«

Die dunkelhaarige Wirtin, so um die fünfzig herum, lächelte geschäftsmäßig. Sie füllte das Glas und schob es mir zu: »Bitte schön, Ihr Wein«, sagte sie auf spanisch und sah mich mit einem zu freundlichen Lächeln an, das mich verunsicherte. Überraschend hing für Zehntelsekunden ein Hauch von Erotik in der Luft. Der Teller mit den Appetithäppchen, den sie mir neben das Glas stellte, lenkte mich ab. Die rosa Wolke verschwand, und ich sagte ernüchtert: *»Gracias.«*

Die knorrigen Alten neben mir waren tatsächlich Fischer, sie sprachen von *el vapor pesquero* und *la pesca*. Der Alte, der mir am nächsten saß, drehte sich um und erhob sein Glas in meine Richtung. *»Salute«*, sagte er. In seinem offenen, vom Wetter gegerbten Gesicht las ich: Ich meine es ehrlich, sei gegrüßt! Er hatte mich als Seemann erkannt, denn er blinzelte kollegial, fast verschwörerisch: Prost, Kumpel, sagten seine Augen, lass uns zusammen trinken. Es ist schon erstaunlich, wie sich Menschen nur mit Gesten verständigen können.

Ich trank den Wein recht hastig, ohne das Glas abzusetzen. Kaum hatte ich ausgetrunken, schob die Wirtin schon ein zweites in meine Richtung. »Sprechen Sie spanisch?«, fragte sie in ihrer Landessprache. »Nein, ich spreche nur deutsch und englisch«, beeilte ich mich zu antworten, alle meine spanischen Vokabeln zusammensuchend. Sie nickte verstehend.

Schon bald hatte ich ein drittes oder viertes, vielleicht fünftes Glas *vino tinto* vor mir stehen, mein schwacher Protest »Das habe ich doch nicht bestellt«, wurde überhört oder nicht verstanden. *»Salute!«*, war die Antwort. Dann begann der Alte zu erzählen.

Er breitete die Arme aus, und sprudelnd ergossen sich seine Worte über mich: *»Amigo, marinero, aleman, bebido, barco de transporte« und, und, und ...* Nach einer Weile verstand ich alles, mir wurde ganz schwindlig vom Stakkato der fremden Sprache. Ich sah seine Mimik, die pantomimischen Bewegungen seiner Hände, hörte die auf- und absteigende Melodie der Sprache und wusste, er erzählte von vergangenen Zeiten, von seiner Arbeit auf deutschen Handelsschiffen als Matrose, von Kollegen und Freunden, von feuchtfröhlichen Landgängen und von der Liebe.

Inzwischen waren ich weiß nicht mehr wie viele Gläser gefüllt und geleert wurden, der Wein wurde süßer und süßer, die Wirtin immer hübscher, und ich wusste: Jetzt musst du gehen. Es gelang mir, mich wie ein Gentleman zu verabschieden. Dass ich fast nichts für die Getränke und die gerösteten Hähnchenflügel, die aceitunas verdes, die grünen marinierten Oliven und die frittierten Kartoffelbällchen bezahlt hatte, war mir nicht aufgefallen. Ich war der Meinung, ich hätte eine Lage nach der anderen spendiert.

Zurück zum Schiff nahm ich den kürzeren Weg über die Marina. Die Schiffe zerrten immer noch an den Leinen. In den Palmwedeln rauschte der Wind. Plötzlich hörte ich deutlich verständliche deutsche Wortfetzen. Nicht zu überhören, denn sie klangen anders als die immer noch in meinem Kopfe herumwirbelnden spanischen Konsonanten.

Auf einem der Segelschiffe an einem Anlegesteg gleich rechts sah ich Licht. Von dort kamen die Stimmen. Trotz meines leicht ondulierten Ganges schaffte ich es auf den Steg. »Hallo«, grüßte ich in die dunkle Nacht hinein. »Ich hörte Sie deutsch sprechen.«

»Wer sind Sie?«

»Ich bin ein Seemann von dem Schiff, das da drüben am Kai liegt.«

»Okay, vielleicht trinken Sie noch einen Wein mit uns?«, fragte die männliche Stimme. »Kommen Sie, kommen Sie ruhig, ist mal schön, auch bei später Stunde, von einem deutschen *marinero* besucht zu werden«, rief eine weibliche Stimme einladend.

Im Licht der Laternen waren die Umrisse des Schiffes zu erkennen. Es war ein Zweimastenschiff mit langem Kajütenaufbau. Am Flaggstock hing eine britische Flagge. In der Plicht der Bootes saßen beim Licht einer Sturmlaterne eine Frau mittleren Alters mit langen hellen Haaren und ein bärtiger Mann, dessen Alter schwer zu schätzen war. Vor ihnen auf einem kleinen Tischchen stand eine geöffnete Flasche Wein. Ich kletterte mittschiffs über die Reling.

Wie ein guter Bekannter wurde ich begrüßt und gastfreundlich bewirtet. Das Seglerpaar kam geradewegs aus der Karibik, erzählten sie, und ihr sieben Jahre alter Sohn, der hier an Bord aufwuchs und jetzt in der Kajüte schlief, musste eingeschult werden. Er sollte in Europa zur Schule gehen, wenn möglich auf eine deutsche Schule.

Wir unterhielten uns über ihre Reisen und leerten noch einige Gläser. Kurz bevor ich ging lud ich die jungen Leute mit ihrem Max zum Abendessen ein. Sie sagten zu. Der neue Tag kroch schon taufrisch über den Hafen, als ich voller innerer Zufriedenheit über die Begegnungen dieser Nacht in mein Schiffsbett plumpste.

Zur *coffee time* um 10 Uhr – für mich viel zu früh – kam ein Frisör an Bord »der Barbier von Motril«, wie er sich scherzhaft nannte. In Spanien kommen Frisöre im Hafen sehr oft auf die Schiffe. Dann wird das Deck zum Salon, und der Poller avanciert zum Rasierstuhl. Man unterhält sich mit Händen und Füßen und gebraucht Laute, die sonst in keiner Sprache dieser Welt etwas bedeuten. Menschen aus den unterschiedlichsten Ländern und Kulturkreisen können sich so bestens verständigen. Die wichtigste Vokabel dieser fast lautlos gesprochenen Sprache ist das Lächeln.

Auch ich nutzte die Anwesenheit des »Barbiers« und ließ mir meine Haare auf Bürstenlänge kürzen. So sparte ich später das Kämmen. Nach dem Duschen war dann das Handtuch mein Kamm, und die Frisur saß immer.

Zum Abendbrot kamen meine Gäste in legerer Kleidung. Mäxchen, dessen einziger bewusster Lebensraum das Segelschiff der Eltern, dessen Umwelt das Meer war und der mit seinen sieben Lebensjahren noch kein Landleben kannte, blickte mit großen Augen in die Welt. Der kleine Kerl war ein helles Bürschchen. Er fühlte sich auf unserem Schiff sogleich zu Hause.

Max begutachtete die Brücke wie ein Alter, staunte in der Kombüse über so viel Platz und konnte im Maschinenraum seinen Mund nicht mehr zukriegen, so überrascht war er. Die geballte Masse an Maschinen, Motoren und die verwirrende Anzahl von Rohren und Ventilen beeindruckten ihn. Sein einziger Kommentar war: »Bei uns ist das alles nicht so groß.«

Dann saßen wir, meine Gäste, der Steuermann, der Maschinist und ich, in der O-Messe und ließen uns das Essen schmecken. Sonst tranken wir abends immer Tee, heute gab es zur Feier des Tages echtes deutsches Bier aus Hamburg. Max trank Milch mit Kakao.

Auf der Brücke, im Ruderhaus. Vorne links das Steuerrad, rechts der festgezurrte Drehstuhl des Kapitäns. Seitlich links ist der Eingang in die Funkbude.

Er saß mir am Tisch gegenüber und blickte mich an, ohne eine Miene zu verziehen. Ich sah, dass er über etwas ganz Wichtiges nachdachte. Dann kniff er die Augen zusammen, dass die Nase ganz kraus wurde: »Kapitän«, sagte er urplötzlich und ziemlich laut. Alle am Tisch wurden aufmerksam und sahen erst Max, dann mich an. »Sag mal, hast du als kleiner Junge wegen der Sonne auch große Hüte tragen müssen?«, fragte er.

Ich antwortete überrascht: »Warum fragst du?« Da lachte er über das ganze Gesicht: »Weil du auch so abstehende Ohren hast wie ich. Das kommt von den großen Hüten, die hängen immer auf den Ohren und knicken die um!«

»Aber Max!«, mahnte die Mama. »Schon gut«, sagte ich und war verblüfft, wie logisch dieser kleine Kerl doch denken konnte. »Hast gut kombiniert«, meinte ich, »aber bei mir waren die Ohren immer so.« Jetzt war er überrascht.

Im Stillen beschloss ich, mir ab sofort die Haare nie wieder so kurz und die Ohren so frei schneiden zu lassen.

Die Westman Islands

Das Salz für Island kommt aus Spanien. Genauer, aus den Salzseen von Torrevieja und La Mata an der Costa Blanca des Mittelmeeres. Unser Schiff, die *M/S Esmeralda,* ist mit 2700 Tonnen davon beladen. Der erste Löschhafen ist Vestmannaeyjar auf den Island vorgelagerten Westman Islands, dem »Capri des Nordens«. Man sagt, es sei ein Paradies am Ende der Welt. Hier reicht die Lava bis an die Oberfläche des Meeres, die Natur ist rau und schön, und in den Klippen oberhalb des donnernden Meeres bauen Papageientaucher ihre Nester.

In Vestmannaeyjar sollen wir den ersten Teil unserer Salzladung löschen, 500 Tonnen. Die restlichen 2200 Tonnen sind für fünf weitere Häfen an der isländischen Südküste bestimmt. Für Hornafjordur, Thorlakshofn, Grindavik, Olafsvik und Hafnarfjordur. So werde ich Island kennenlernen.

Seit acht Tagen sind wir auf See und haben über 2100 Seemeilen, fast 3900 Kilometer, zurückgelegt. Die Maschine arbeitet rund, und mit dem Wetter hatten wir bis heute Glück. Aber noch sind wir nicht am Ziel, und hier in der Nähe des Polarkreises kurz vor dem Hafen wird das Wetter spürbar schlechter. Graue Wolken jagen über den Nordatlantik, auch die See wird bewegter, aber das Schiff liegt gut.

Wenn nur der schlechte Wetterbericht nicht wäre. Die Sturmwarnung von Norddeich Radio beunruhigt mich. Für unser Vorhersagegebiet A 24, den Südwesten Islands, wird Sturm mit Orkanböen aus Südwest erwartet. Noch steuern wir einen nördlichen Kurs, und der Wind schiebt uns. Er fegt schon mit einer Stärke von guten 8 bis 9 Beaufort über das Schiff, pfeift in den Aufbauten und in den Kränen, und die See wird immer höher.

Vorsorglich lasse ich die Sturmklappen für die Fenster des unteren Decks aus dem Deckstore, dem Magazin, hervorholen, damit sie bei Bedarf sofort zur Hand sind. »Was der Alte nur hat«, brabbelt da einer von den Leuten zum Steuermann, »haben wir noch nie gebraucht.«

Tief abgeladen bewegt sich die *Esmeralda* schwerfällig zwischen den höher werdenden Wellen. Sie arbeitet nun härter, stampft und schüttelt sich. Die Wellenkämme schwappen fast über den achterlichen Schandeckel, wenn die See das Achterschiff von Zeit zu Zeit anhebt, scheint es, als wollte sie das Schiff vornüberkippen. Und wenn es in das Wellental rutscht, sich schüttelt wie ein nasser Pudel, dann knirschen die Verbände, und man meint, ein Stöhnen zu hören.

Nur noch 30 Seemeilen bis in den sicheren Hafen Vestmannaeyjar auf der Westman-Insel. Norddeich Radio meldete den Sturm vor drei Stunden mit dem Zusatz »imminent«. Also geht der Höllentanz in gut drei Stunden los. Mit dem Lotsen habe ich schon gesprochen. Noch kann er uns in den Hafen holen, hat er gesagt, doch wir sollen uns beeilen. Ob wir es noch schaffen, vor dem Sturm in den sicheren Hafen zu kommen? Rasmus ist unberechenbar.

Die Maschine arbeitet volle Kraft voraus. Nur noch 5 Meilen bis zur Einfahrt und zum Lotsen, der uns in den schützenden Hafen bringen soll, doch die See wird immer höher und immer länger.

Plötzlich höre ich im Radio den Lotsen: »*Esmeralda, Esmeralda*, Victor two Tango Alfa; Victor two Tango Alfa, hier ist die Lotsenstation von Vestmannaeyjar, den Westman Islands.« Ich greife zum Hörer und ahne nichts Gutes. »Captain«, ruft er, »der Wind hat zugenommen, die See lässt das sichere Borden des Pilots nicht zu, sorry! Suchen Sie Schutz hinter dem Island, over.«

Verflixt, damit habe ich nun wirklich nicht gerechnet. Diese Küstenregion ist mit ihren Felsen und Untiefen für Ortsunkundige ein sehr unsicheres Seegebiet und gefährlich, deshalb entscheide ich: Kurs Ost-Nord-Ost. Weg von Land und Inseln, raus in den freien Raum und dann Kopf in die See.

Solange die See noch von achtern kommt, bringen die Leute die Sturmklappen an, sichern die Gangway vor der Brücke zusätzlich mit Ketten und überprüfen noch einmal alle Befestigungen von Luken und Kranausleger. Der Maschinist José Maria ist mit dem Motorenhelfer Luis von jetzt an ununterbrochen im Maschinenraum. Sie sind eins mit der Maschine,

Die M/S Esmeralda arbeitet hart in der hohen achterlichen See. Weit genug im freien Seeraum ändere ich den Kurs gegen die rasende See. Wir wollen nur abwettern und überleben.

hören in sie hinein, tasten, regeln; von diesem Koloss der Technik hängt es ab, ob wir durchkommen.

Der Wind röhrt bereits in den Wanten. Windgepeitschte See ergießt sich über Decks und Luken. Das Schiff ist eingehüllt von der Gischt. Die Sicht wird immer schlechter, die Wellen glatter und länger. Nach zwei Stunden sind wir weit genug im freien Seeraum. Jetzt ändere ich den Kurs gegen die rasende See auf Süd-Süd-West. Der Vorsteven teilt wie ein Pflug die nun auf uns zustürmenden gewaltigen Wogen, dass sich das Spritzwasser über die Back und Luken ergießt. Ich reduziere die Umdrehungen der Maschine und der Schraube so, dass sich das Schiff nur noch steuern lässt. Jetzt machen wir keine Fahrt mehr, wir wollen nur abwettern und überleben. Schwerfällig, aber unermüdlich erklettert die *Esmeralda* die sich auftürmenden Wellenberge.

Mit der Lotsenstation stehe ich über UKW in Funkkontakt und bitte, von dort über Festnetztelefon unseren Charterer in Gardabaer, Island und auch den Reeder in Deutschland zu informieren, dass wir noch draußen sind und auf besseres Wetter warten. »Hier über die Insel brist der Wind mit 155 km/h«, sagt mir dann der Lotse. »Ist bei Ihnen alles okay?« »Ja, noch dreht und bewegt sich alles. Wenn die Technik mitspielt, kommen wir durch«, antworte ich.

Die enormen Wellenberge mit der aufschäumenden See und die starke Gischt, die das Schiff wie Nebel umhüllt, zeigen die Urgewalten der Natur. Ohne Übergang bricht die Nacht herein. Ich schalte die Deckstrahler an, um die Wellen zu beobachten. Das Schiff wirft und schüttelt sich nun schon seit Stunden, giert durch den starken Seegang oft bis zu 25 Grad nach Backbord und dann nach Steuerbord. Wieder und wieder ergießen sich Wassermassen über Decks und Luken. Gut, dass die eisernen Sturmklappen angebracht sind.

Am 1. November 1983 geriet der deutsche Frachter *M/S Kampen* bei ähnlichem Wetter und an fast gleicher Position in Seenot. Die Brecher hatten die Scheiben an den Aufbauten eingeschlagen, und Wasser ergoss sich in das Schiffsinnere. Das Schiff kenterte und sank. Der Kapitän und seine sechs Besatzungsmitglieder ertranken, sie konnten bei dieser aufgewühlten See nicht geborgen werden.

Als ich damals von diesem Notfall hörte, fuhr ich Linie auf einem Containerschiff in der Irischen See zwischen Liverpool und Belfast. Solche tragischen Fälle bleiben einem Seemann unauslöschlich im Gedächtnis. Und nun stecke ich selber in einem ähnlich schietigen Wetter.

Die Funkuhr zeigt schon weit nach Mitternacht. Noch immer bin ich auf der Brücke, zusammen mit dem Steuermann. Der Sturm heult mit unverminderter Kraft und Ausdauer über uns hinweg. Die Überlebensanzüge liegen griffbereit, für José Maria und den Assi in der Maschine und für uns von Deck in der Funkbude.

Pablo, der Rudergänger, ist ganz weiß um die Nase. Ich sehe sein angespanntes Gesicht im Schein des Steuerkompasses.

Die See schäumt, die Gischt ist so dicht wie Nebel. Schwerfällig, fast achteraus rutschend, erklimmt unser Schiff immer wieder Welle um Welle.

Bestimmt sehe ich nicht besser aus. Doch ich darf mich nicht gehen lassen. »Ja«, sage ich in die Dunkelheit, um mir Mut zu machen, »die Lage ist zwar höchst bedenklich, doch nicht hoffnungslos.« Pablo verzieht sein Gesicht zu einer Grimasse: »Wird schon werden, Käptn, Hauptsache, unsere Pferdchen im Keller machen mit«, und er reißt am Ruder. Ich werde an das seitliche Schott gedrückt, weil das Schiff nach Backbord hart überholt und sich auf die Steuerbordseite wirft, um gleich darauf in ein Wellental zu sausen.

Schwerfällig, fast achteraus rutschend, erklimmt die *Esmeralda* immer wieder Welle um Welle. Der Steuermann steht breitbeinig vor dem Kartentisch und zeichnet die Koordinaten vom GPS in die Karte. »Toll, drei Meilen haben wir gemacht, aber achteraus«, ruft er mir zu.

Da scheppert es vorkante Brücke. Verdammt, das war bestimmt der zwischen hinterer Luke und Brückenaufbauten

M/S Esmeralda im Hafen von Vestmannaeyjar. Gleich nach dem Einlaufen beginnt der normale Schiffsalltag. Luken auf heißt es und die Löscharbeiten beginnen.

gestaute Landgang! Vor der Brücke ist es dunkel und der Wind so stark, dass man nicht über das Schanzkleid der Brückennock schauen kann, um die genaue Ursache des Krachens zu finden. Aber bis auf das Dröhnen des Windes und das Rauschen der schäumenden See ist jetzt weiter nichts auszumachen.

Egal, Speck oder Aal – der Schlorren schwimmt und macht sich immer noch gut für sein Alter. Nur ich bin müde, trotz der Unmengen Kaffee, die in meinem Bauche schwabbeln. Die Maschine arbeitet, Gott sei Dank, zuverlässig und rund. Ein Ausfall der 2400 Pferdestärken wäre tödlich. In dieser Nacht schläft keiner der Besatzung. Wir alle, meine sieben Mann und ich, sehnen den Morgen herbei.

Nach Stunden erst wird die Sicht besser. Der Wind peitscht nicht mehr die Schaumkronen vor sich her, und langsam dreht er auf West. Das Tief zieht ab. Wir haben es geschafft.

»Hallo, Captain«, begrüßt mich der Lotse, »ein gutes Schiff, Ihre *Esmeralda*! Das war kein Orkan, vorgestern und gestern, das war die Hölle – und Sie sind durchgekommen, fast ohne Schaden.« Er drückt mir anerkennend die Hand. »Ja, nur die Gangway ist zu Kleinholz gemacht worden, die Überreste hängen noch an den Ketten, mit denen sie gelascht war, den Rest hat sich Rasmus geholt, und ich bin froh, dass er damit zufrieden ist«, antworte ich.

Nach dem Einlaufen an diesem späten Nachmittag beginnt gleich wie in jedem Hafen der normale Schiffsalltag mit der Hafen- und Zollabfertigung. Es gibt keine Schonzeit für uns, keinen roten Teppich und keinen Orden für besondere Leistungen. Luken auf, heißt es, mit dem Agenten und dem Hafenvorarbeiter Ladung checken, es könnte ja Wassereinbruch gegeben haben, einen Versicherungsfall. Aber das Salz liegt strahlend weiß wie festgebacken da, so wie es in Spanien in den Raum gekommen ist. Ich atme auf.

Dann telefoniere ich mit meiner Frau. Sie ist glücklich, meine Stimme zu hören. »Ich habe für euch gebetet«, sagt sie, »und ich weiß nun, das hat geholfen.«

Der Maschinist Ernst August Potzel im Maschinenraum der M/S Craigavad, der späteren M/S Kirsten. Die Hauptmaschine hat 1000 PS und macht kräftigen Lärm. Deshalb trägt der Maschinist bei der Arbeit einen Gehörschutz, auch Micky-Mäuse genannt.

Die böse Fee vom St. Patrick's Day

Mein Telefon klingelt über der Koje. Der Steuermann ist am Apparat: »Guten Morgen, Kapitän, Mews Island quer!« Ich krauche aus der Koje und schütte mir nebenan im Bad eine Handvoll kaltes Wasser ins Gesicht. Die Uhr im Salon zeigt 2.30. Na ja, denke ich, wenigstens zwei Stunden geschlafen.

Die Brücke ist von der Kartentischlampe und den Kontrolllampen der Armaturen schwach beleuchtet. Durch das Backbordfenster über dem Kartentisch huscht etwas achterlicher als quer die Kennung vom Leuchtfeuer Mews Island. Die automatische Ruderanlage hält das Schiff auf Kurs. 262 Grad rechtweisend liegen an. Auf dem Bildschirm des Radargerätes ist die kursstabilisierte Anzeige auf 3 Seemeilen Bereich geschaltet und zeigt zu der kleinen Insel vor dem irischen Festland, die wir gerade passieren, einen Abstand von einer Seemeile.

Der Abstand ist gut. Von Norden setzender Tidenstrom kann uns nichts anhaben. Es weht schwacher Nordwest. Der Steuermann hat den Kurs schon auf Belfast, Ansteuerungstonne abgesetzt. »Ich übernehme«, sage ich. »Gute Wache, bis später dann«, erwidert der Steuermann und geht nach unten, um sich noch für eine Stunde aufs Ohr zu legen.

Frisch aufgebrühter Kaffee duftet aus der Ecke neben der Spüle. Schön stark ist er, zum Aufwachen. *Negro, fuerte y calor* muss ein richtiger Kaffee sein: schwarz, stark und heiß, sagte der spanische Koche José immer, mit dem ich vor einem Jahrzehnt mal gefahren bin.

Noch fünfunddreißig Minuten Zeit bis zum Lotsen, zur Tonne eins. Meine voraussichtliche Ankunft ist 3 Uhr GMT, doch ich bin etwas später, als ich dachte. Der Wind und die Tide waren gegenan, das hielt auf. Erst 3.15 Uhr werde ich an der Tonne sein. Was soll's! Über UKW-Radio, Kanal 12, rufe ich die Lotsenstation und Belfast Port Radio, um die Ankunftszeit zu korrigieren.

Wir kommen der Belfaster Ansteuerungstonne immer näher. Über das Bordtelefon wecke ich den Maschinisten. Er muss zum Manövrieren den zweiten Jockel anschmeißen. Der Meister geht keine Wache. Auf See läuft die Maschine wachfrei. Auch die Seeleute wecke ich per Telefon.

Den Steuermann lasse ich liegen, der soll sich ausschlafen, er hat den schlechtesten Job an Bord. Sein täglicher Törn ist von mittags nach dem Essen bis sechs Uhr abends und von Mitternacht bis morgens um sechs. Wenigstens zwölf Stunden hat er täglich auf dem Zettel. Das sind im Monat 360, ohne die Stunden, die noch beim Einlaufen, Auslaufen oder Überwachen der Lade- oder Löscharbeiten anfallen. Auch der Kapitän kommt bei sechs um sechs Wachen im Feederdienst auf über 400 Arbeitsstunden im Monat.

Die Sicht in der Bucht von Belfast ist gut, und der im Osten aufkommende Morgen schiebt die Nacht langsam über den westlichen Horizont. Belfast winkt. Nur noch eine halbe Meile bis zum Lotsenboot. Ich nehme die Fahrt aus dem Schiff, der polnische Matrose macht die Lotsenleiter klar, die beiden philippinischen Decksleute holen die Leinen aus dem Kabelgatt.

Wir sind an Bord ein eingespieltes Team. Jeder weiß, was zu tun ist. Und den Dampfer bringen wir auch ohne Steuermann an die Pier, denke ich. Zwei Mann vorne auf der Back, ein Mann achtern und der Meister in der Maschine, das geht klar. In der Kaffeekanne ist noch genug Kaffee, reicht auch für den Lotsen.

Die englischen Lotsen und auch die Ortskundigen hier in Irland schätzen unseren guten Filterkaffee und vor allem unsere *hospitality.* Manchmal bleiben sie nach dem Festmachen noch an Bord, und wir frühstücken zusammen.

Das Lotsen-Speedboat dümpelt bereits vor der Ansteuerungstonne. Ich drehe das Schiff auf und mache Lee, damit der Lotse gefahrlos an Bord kommen kann. Nun gehe ich in die Nock und richte den Scheinwerfer auf die Reling mit Lotsenleiter. Inzwischen kommt das Boot längseits.

David wird uns lotsen. Gewandt klettert er über die an der Bordwand hängende Leiter, springt an Deck und eilt mit schnellen Schritten auf die Brücke. »Hallo, Harry«, ruft er erfreut, und wir schütteln einander die Hände. »Hallo, David«, erwidere ich, *»how are you?«*

Das Lotsenboot kommt längseits. David wird unser Schiff lotsen. In England und Irland ist Lotsenpflicht.

»Fine, *Harry*«, sagt er. Wir kennen uns noch aus der Zeit, als ich auf Belfast Linie gefahren bin.

Jetzt bringe ich das Schiff wieder auf Kurs und steuere mit der Hand. Die Automatik ist ausgeschaltet. David lässt mich gewähren, er weiß, dass ich das Revier gut kenne. *»Let's have a coffee*«, sage ich. Er gießt sich und mir eine große cup of coffee ein. Den schwarzen, starken und heißen.

»Aahh«, sagt er nach dem ersten Schluck, erst dann setzt er sich auf den Sessel von der Backbordseite an das zweite Radargerät. Bei der Daisy Bouy, vor der Belfaster Schiffswerft Harland and Wolff Ltd., wo 1911 die *Titanic* vom Stapel lief, drehe ich unser Schiff um 180 Grad und gehe achteraus an die Containerpier von Coastel Container Ltd.

Planmäßig mit Wochenanfang, am Montag um 4.20 Uhr GMT, ist das Schiff längsseits der Pier und fest. David geht gleich nach Hause. Zum gemeinsamen Frühstück ist's noch zu früh; er hat Feierabend und zwei Tage frei.

Für uns an Bord aber fängt die Arbeit erst richtig an. Die

Containerumschlag an der Coastel-Container Pier in Belfast. Die Container werden von Bord gehievt, auf Auto-Trailer gesetzt und abgefahren.

Seeleute bereiten die Ladung zum Löschen vor, sie machen die Container-Lashings los. Die Ketten, Stangen und Bridge-Fittings scheppern über die eisernen Decks. Gegen sechs Uhr duften schon die Bratwürste aus der Kombüse. Wladek, unser Koch, ist beim nächtlichen Einlaufen immer früher am Herd. Heute, am 16. März 1998, einen Tag vor St. Patrick's Day, gibt es wieder etwas Deftigeres, denn gestern, am Sonntag, brutzelte der Koch, wie es die seemännische Tradition verlangt, Eier nach Wunsch.

7.30 Uhr: Pünktlich auf die Minute senkt sich die Containerbrücke über das Schiff, und die Docker beginnen unverzüglich mit den Löscharbeiten. Rums, rums, rums, knallt der Hubrahmen herunter, um sich in die Container zu verkrallen und sie vom Schiff zu reißen. Das scheppert und kracht, es schallt in jeden Winkel des Schiffes.

Hier im Belfaster Containerhafen ist Leben an der Pier. Hubstapler düsen mit Flats durch die Gegend. Containerstapler platzieren die Container auf Lastwagen mit Hänger. Und zu all dem Getöse beißt sich zusätzlich das ätzend und eindringlich klingelnde Warnsignal der Containerbrücke in die Ohren, wenn sich der Kran am Kai hin und her schiebt. Es dringt durch Schotten, Mark und Bein. Nach dem Mittagessen mache ich mich lang. Aber das Getöse im und am Schiff lässt mich nicht schlafen.

Durch die Sechs-um-sechs-Wachregelung auf den Feederschiffen gibt es für die Schiffsführung keinen vernünftigen Arbeits- und Lebensrhythmus. Die aus dem vorigen Jahrhundert stammende Arbeitszeitreglung passt nicht mehr in die Zeit der modernen Seeschifffahrt, schon gar nicht in die Containerfahrt.

Ich bin kaputt, doch wälze mich nur unruhig in der Koje. In drei Stunden laufen wir aus. Ich ziehe mich wieder an, obwohl ich schlafen müsste.

Die Reise in den Bristol-Kanal nach Cardiff geht auch wieder in die Nacht. Kein Problem. »Das kann doch einen Seemann nicht erschüttern«, pfeift der Koch in der Kombüse.

Um 16 Uhr wird der Lotse kommen. Eine Viertelstunde davor ist die Hauptmaschine auf stand-by und »klar vorn und achtern«. Der Meister und die Leute wissen Bescheid. Der Steuermann hängt vorn auf der Back und beobachtet die Stauarbeiten. Die letzte Nacht war für ihn sehr kurz, er fühlt sich schlapp und müde. Schon ab 7.30 Uhr, mit Löschbeginn, war bei ihm an Schlaf nicht mehr zu denken. Der Hafenbetrieb mit all seinen Geräuschen scheuchte ihn aus der Koje.

Zum Glück sind heute keine Stabilitätsberechnungen notwendig. Nur 79 Teus, Container und Flats sind an Bord gekommen, insgesamt 242 Tonnen. Ich lasse die Ballasttanks im Doppelboden fluten, um das Schiff auf Tiefgang und die Schraube unter Wasser zu bringen.

Die Öltanks im Doppelboden sind lenz. Gasöl bunkern wir erst in England. Dort ist es billiger. Für diesen Trip, hat der Meister ausgerechnet, reicht der Bunker.

Damit das Schiff weicher in seinen Schaukelbewegungen und die Überfahrt angenehmer für Mensch, Schiff und Ladung wird, lasse ich keine Ladung in den Unterraum stauen. Der bleibt frei. Die paar Flats kommen ins Zwischendeck und der Rest Container auf die Luke.

Kapitän in der Nock am Fahrstand, während der Lotse von Bord geht.

Der Lotse ist superpünktlich. 16 Uhr: Leinen los. Alles klappt wie am Schnürchen. Das Wetter ist wolkig bis bedeckt und nicht kalt, plus 13 Grad. Die Sicht ist gut, und es weht ein südwestlicher Wind um die 4 Beaufort. Der Wind hat gedreht. Norddeich Radio meldete heute morgen für die Irische See Sturm, West bis Südwest 7/8. Ab Feuerschiff South Rock werde ich deshalb den Kurs unter die irische Küste absetzen. Hier ist es ruhiger, weniger See. Bis zu der Ecke Tuscar Rock im St. George's Channel sind es 170 Seemeilen, gute vierzehn

Ein Bild aus den 80er Jahren, als die M/S Craigavad, die spätere M/S Kirsten, sich mit dem Schwesterschiff M/S Craigantlet auf hoher See trifft.

Stunden Landschutz. Von dort geht's dann, vielleicht mit Schiebewind, in den Bristol-Kanal.

Bei Tonne eins in der Belfaster Bucht verlässt der Lotse das Schiff. »*Have a good voyage*«, wünscht er uns, und ich lege den Hebel auf den Tisch. Volle Fahrt voraus. 11,5 Knoten durchs Wasser macht das Schiff nun.

17.20 Uhr, Mews Island quer. Meinen Revierjob habe ich erledigt und übergebe die Wache dem Steuermann. Abendbrotzeit für mich. Ich habe vierzig Minuten Zeit für die gefüllten Paprikaschoten mit Salzkartoffeln, die Wladek gezaubert hat. Es schmeckt wie bei Muttern. Wladek ist Koch aus Leidenschaft. Seine polnische Küche verdient vier Sterne und lässt den Reeder fast verzweifeln, denn der Proviantsatz ist hoch, hält sich aber in Grenzen.

Um 18 Uhr muss ich wieder auf der Brücke sein. Für sechs Stunden, bis Mitternacht. Ohne viele Worte verschwindet der Steuermann, er wird nach dem Abendbrot völlig erschöpft in die Koje fallen. Von den sechs Stunden der Freiwache bleiben ihm fünf Stunden Schlaf – das muss reichen. Das Gesetz erlaubt es. Mehr Schlaf gibt's nicht, und die Uhr ist unbestechlich.

Bis South Rock steuere ich 161 Grad rechtweisend. Um genau 19 Uhr habe ich den Leuchtturm mit einem Abstand von 1,9 Seemeilen querab.

Vorm Sprung in die Koje, nach dem Abendbrot, ist der Meister zu einem Klönsnack auf die Brücke gekommen. »Wetter soll schlechter werden, hat der Steuermann gesagt.« »Ja, die Vorhersage von Norddeich ist Südwest 7/8«, antworte ich. »Ich gehe an der Küste längs.«

»Gut, dann schaukelt der Schlorren nicht so, und wir können schlafen«, bemerkt der Meister erleichtert.

South Rock ist passiert; während wir uns unterhalten, setze ich den Kurs auf 203 Grad rechtweisend ab. Die Maschine im Fettkeller dreht sich ruhig und zuverlässig. Der Wind ist frischer geworden, weht aber nicht mehr als gute 5 Beaufort und noch immer aus Südwest. Die Sicht ist gut, eine dunkle, klare Nacht. So habe ich es gern.

Die Lichter an Land sind gut auszumachen, und ich sehe vor meinem geistigen Auge, wie die Leute in ihren Häusern zum morgigen St. Patrick's Day, ihrem Nationalfeiertag, seltsame Kuss- und Trinkbräuche aufleben lassen, sich grün kleiden und grünes Bier trinken, um sich vor bösartigen Feenwesen zu schützen. Je mehr, desto sicherer der Schutz, heißt es. Ich sehe auch, wie sie zur irischen Folkloremusik fröhlich tanzen und dabei dem Höhepunkt des Festes entgegenfiebern, das mit buntem Treiben in den Straßen und der anschließenden Parade durch Dublin ausklingen wird.

Wir an Bord können von all dem Glanz und Glitter nur träumen. Der Bordalltag hält uns gefangen, Wachen teilen die Tage. Nur das Wetter unterbricht die Monotonie, und das Essen beschert uns Höhepunkte. Hier schafft der Koch die gute Laune: Er macht das Klima an Bord.

»Tja«, sinniert der Meister, »das ist nun mal so, die auf See möchten an Land sein, ein Bier süffeln, die Liebste im Arm halten, und die an Land würden gern mitfahren, weil sie meinen, hier an Bord, am Tor der Welt, ist die Freiheit grenzenlos.«

»Ja, die Freiheit«, antworte ich, und der Meister sagt: »So, nun nehme ich mir die Freiheit und verschwinde ins Schiffsbett. Gute Wache.«

»Gute Ruhe!«

Unsere Gespräche sind nie lang. Nur das Wesentliche wird gesagt. Man sieht sich, weiß, wenn nichts Bedeutendes anliegt, ist alles in Ordnung, und die nächsten Stunden sollten ohne Probleme sein. Das Schiff zieht sich am Kurs längs. Stunde um Stunde. Marschiert auf der Vorausanzeige des Radars, von der automatischen Selbststeueranlage auf Kurs gehalten, zum nächsten Wegepunkt. Um 22.15 Uhr nehme ich die Koordinaten vom GPS und trage sie in die Seekarte ein. Das Schiff befindet sich auf der vorgegebenen Kurslinie. Rockabill, das Leuchtfeuer, ist gut zu erkennen.

Um 23 Uhr höre ich die Nachrichten der Deutschen Welle: Clinton ist in Sachen Sexaffäre erneut schwer belastet worden. Arafat vermutet eine Verschwörung und fordert sofortigen internationalen Schutz für seine Landsleute. Schröder warnt die SPD vor verfrühter Siegesgewissheit und nicht einlösbaren Wahlversprechen. Die Allgemeinen Ortskrankenkassen fordern eine Gesundheitsabgabe beim Kauf von Zigaretten.

Langsam merke ich, wie die Müdigkeit mein Denken lähmt. All die Informationen aus dem Radio plätschern an mir vorbei. Ich starre auf den Bildschirm des Radargeräts. Es ist kursstabilisiert und auf 6 Seemeilen Bereich geschaltet. Ich sehe alles und nichts, reagiere nur. Die Kompassrose vom Kreiselkompass wandert um den zu steuernden Kurs am Steuerstrich von 202 Grad, ein bis zwei Grad nach Steuerbord und ein, zwei Grad nach Backbord.

Alle zwölf Minuten leuchten im Ruderhaus die an verschiedenen Stellen angebrachten gelben Kontrollschalter des Wachgängeralarms auf, von denen ich einen quittiere. Das hält mich wach, und dieses Intervall teilt die Stunde in fünf Abschnitte. Fünfmal quittieren = eine Stunde. Das bedeutet auch Sicherheit, denn wird der Wachgängeralarmknopf nicht ausgedrückt, ertönt Generalalarm im Schiff, und die Besatzung steht senkrecht in der Koje.

Langsam nähere ich mich Lambay Island. Um 23.50 Uhr notiere ich im Logbuch: »Lambay Island querab, d = 2,2 sm.«

Der Steuermann kommt auf die Brücke, überpünktlich. »Moin.«

»Moin.« Er setzt sich wortlos auf den Backbord-Sessel. Der Kaffee in der Kaffeemaschine ist durch. »Na, hast du geschlafen?«, frage ich. »Ja, 's geht, schaukelt ja nicht.«

»Okay, Lambay ist quer, siehst du ja. Kurs 202 Grad liegt an. Sonst alles paletti. Noch 4,5 Seemeilen bis Ireland's Eye, dann ist Kurswechsel angesagt, auf 176 Grad rechtweisend. Kurs ist eingezeichnet.« Der Steuermann ist aufgestanden und zum Kartentisch gegangen. »In Ordnung, ich übernehme.«

Rechtschaffend müde gehe ich doch noch kurz in die Messe. Ein kurzer Blick in die Kombüse. Der Kühlschrank sieht mich verführerisch an. Egal, denke ich, eine Scheibe Salami kann ja nicht schaden. Schmeckt schon aus Gewohnheit gut. Nun ab ins Bett. Schnell schlafe ich ein, tief und fest.

Rrums! Ich fahre hoch und spüre einen Schlag auf den Kopf. Habe ich geträumt? Ich spüre den Schmerz. Was ist los? Was ist passiert? Urplötzlich bemerke ich die erschreckende Ruhe im Schiff. Warum arbeitet die Hauptmaschine nicht mehr volle Kraft voraus? Ist das Schiff etwa gestrandet? Bin ich deshalb mit dem Kopf gegen das Kojenende geprallt? Ich springe aus der Koje, rein in die Hose und nach oben auf die Brücke. Der Steuermann sollte später bei der Seeamtsverhandlung in Emden zu Protokoll geben: »Der Kapitän war nach dem Festkommen des Schiffes schon Sekunden später auf der Brücke.«

Ich sehe in der Dunkelheit, direkt vor dem Schiff, eine noch dunklere hohe Felswand, die bis in den Himmel zu gehen scheint. Mein erster Gedanke ist: Der Schlüssel zu dem Store mit den Überlebensanzügen! Die brauchen wir, wenn wir das Schiff aufgeben müssen. Das Wasser ist kalt.

Doch jetzt bin ich noch eins mit dem Schiff, spüre seine Lage. Keine Schlagseite. Gott sei Dank. Nur von dem Hilfsdiesel, der die Elektrik liefert, und durch die sich im Leerlauf drehende Maschine vibriert das Schiff. Sonst nur gespenstische Nacht um uns. Sogar die Sterne haben sich versteckt.

Vom Steilhang, dort vor dem Steven, glaube ich die bösartige Fee von St. Patrick's Day zu hören: *»Kiss me, I'm Irish!«* Nur grünes Bier hätte den Steuermann und unser Schiff vor der Verlockung geschützt, diesen Felsen hier zu küssen, kommt mir plötzlich in den Sinn. Die Situation macht mich abergläubisch.

Ich beobachte den Steuermann. Hat er getrunken? Aber er bewegt sich sicher und hat eine deutliche Aussprache. Sein Blick ist klar. Dennoch frage ich: »Steuermann, haben Sie getrunken?«

»Nein, bestimmt nicht! Ich weiß nicht, bin wohl eingeschlafen. Dann habe ich auf dem Bildschirm des Radars nur alles weiß gesehen. Erst dachte ich, es ist eine starke Regenwand. Bis ich bemerkte, der Blip auf dem Monitor des Chart-Plotters ist direkt unter Land. Da wusste ich, wir sitzen fest. Hab es nicht mehr geschafft, den Kurs zu ändern und die Maschine auf voll zurück umzusteuern.«

Der Meister stürmt ins Ruderhaus. »Was ist los?«, brüllt er. »Wir hängen fest. Sitzen hoch und trocken!«, antworte ich gereizt. Inzwischen ist die Besatzung komplett auf der Brücke. Die Situation lässt mich ruhiger werden. Meine Gedanken zielen glasklar auf Rettung. Ich befehle: »Meister! Hochtank und die Einser sofort lenzen! Und Steuermann, wann ist Hochwasser Dublin? Koch, nimm den Schlüssel und öffne den Store mit den Überlebensanzügen! Zwei Mann sofort in den Unterraum, checken, ob Wassereinbruch. Nehmt das Sprechfunkgerät mit. Kanal sechs. Janek, du schließt vorn auf der Back Sonnenbrenner an und sagst, was du siehst! Der Steuermann kommt dann gleich nach.«

Die Brückenuhr zeigt 1.17 Uhr UTC. Ich trage die Uhrzeit und die Koordinaten vom GPS in die Seekarte ein und stelle fest, das Schiff liegt direkt unter der Steilküste Bray Head, Ostküste von Irland, 10 Seemeilen südlich von Dublin. Wahrscheinlich auf felsigem Grund. Hier führt die fünf Meter Wasserlinie haarscharf am schmalen, steinigen Ufer vorbei.

Die Deckstrahler beleuchten das Deck mit den paar Containern und werfen ihr Licht zur Küste. Vor dem Steven leuchten Büsche und Felsen gespenstisch durch die Nacht. Ein Anblick, der mich noch heute in meinen Träumen verfolgt.

»Hochwasser Liverpool, heute, 17. März 1998, 1.22 UTC, 8,60 Meter, und Hochwasser Dublin, 1.36 UTC, 3,78 Meter«, sagt der Steuermann. »Verdammt«, denke ich laut, »da läuft uns das Wasser unter dem Dampfer weg. So ein Mist.«

Vorn auf der Back hantiert der Matrose schon mit zwei

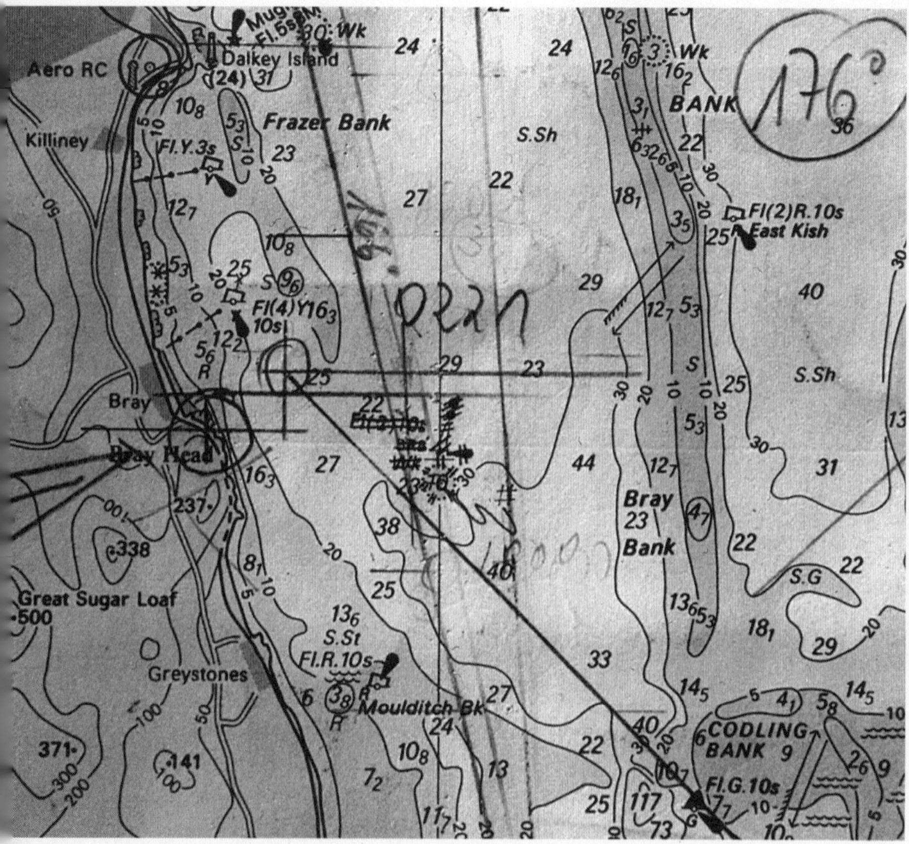

Bray Head, 10 Seemeilen südlich von Dublin, lief die M/S Kirsten am St. Patrick's Day auf die Felsen. Ausschnitt aus der Original-Seekarte mit den handschriftlichen Eintragungen vom 16./17. März 1998.

Sonnenbrennern. Die beiden Decksleute melden über Funk: »Der Laderaum ist lenz. Kein Wassereinbruch!« Wat'n Glück auch, dass der Unterraum frei ist. Und dass wir in Belfast nicht gebunkert haben. Die Treiböl-Doppelbodentanks sind alle leer. Auch vorn der Zweier für 40 Tonnen Gasöl. Mein Gott, das wäre was geworden – 180 Tonnen Gasöl, das sind über 180000 Liter Öl, die dann in die Irische See gelaufen wären. Mir wird ganz mulmig bei diesem Gedanken.

Unwillkürlich denke ich an die Ölkatastrophe der *Amoco Cadiz*. 1978 kollidierte das Tankschiff etwa 12 Seemeilen nordöstlich Ouessant mit einem Felsen. In der Nacht brach es dann vor dem französischen Hafen Portsall auseinander und verseuchte mit dem ausgelaufenen Rohöl das Meer und die Küsten Nordwestfrankreichs. Das Unheimliche daran ist, dass das Unglück auf den Tag genau vor 20 Jahren in den frühen Stunden des St. Patrick's Day geschah.

Der Meister meldet über das Bordtelefon: »Beide Lenzpumpen sind in Betrieb.« Jetzt gilt es, schneller zu lenzen, als das Wasser fällt. Aus der eingezeichneten Position in der Seekarte sehe ich, das Schiff sitzt nur mit dem vorderen Unterwasserschiff auf. Der achterliche Part mit 4,30 Metern Tiefgang müsste über der 5-Meter-Kante hängen. Bei Niedrigwasser kann das Schiff auseinanderbrechen.

Mit gemischten Gefühlen kuppele ich die Schraube ein und lege das Ruder einmal hart backbord, einmal hart steuerbord. Nichts knirscht, nichts kracht. Ruder und Schraube arbeiten ohne Beanstandung. Sofort beginne ich die Umdrehung der Schraube mit Vorausumdrehungen zu erhöhen. Dann Stopp. Umkuppeln auf zurück. Voll zurück. Stopp. Voll voraus. Stopp. Voll zurück … der Turbolader von der Hauptmaschine knallt fürchterlich, als würde er zerbersten. Stopp.

Ich sehe mich um fünfzig Jahre zurückversetzt. Als Leichtmatrose stand ich damals am Ruder eines kleinen Frachters, der auf der Reise von Stettin nach Swinemünde im Nebel auf eine Sandbank lief. Der polnische Kapitän, grauhaarig schon, war früher auf der Weichsel zu Hause. Er kannte sich mit Untiefen und Sandbänken aus und wusste, wie man nach dem Auflaufen wieder freikam.

Ich höre noch das Klingeln des Maschinentelegraphen: »Voll voraus. Stopp. Voll zurück.« Und dazwischen die Kommandos: »Hart steuerbord. Hart backbord.« Ich riss am Steuerrad wie ein Irrer. Und wir kamen frei.

Als ich später fragte: »Kapitän, warum haben Sie noch voll voraus gegeben? Wir saßen doch schon mit dem Steven auf. Und dann erst wieder zurück und wieder voraus?«, da sagte er: »Merke dir eines: Nur wenn du das Schiff zum Schwingen bringst, kann es sich vom Grund lösen. Mit diesen Manövern habe ich – sehr zum Ärger des Maschinisten – Bewegung ins Schiff gebracht.«

Jetzt reiße ich am Fahrhebel, achte nicht auf die Einhaltung der Schaltpausen zwischen Voraus und Zurück, damit sich der Turbolader auf die Umsteuerung einstellen kann. Ich will das Schiff auch zum Schwingen bringen. Koste es, was es wolle.

Da ist auch schon der Meister auf der Brücke. Seine Nerven liegen blank. »Sind Sie verrückt geworden?«, schreit er auf mich ein, alle üblichen Höflichkeiten vergessend. »Wollen Sie die Maschine zu Bruch fahren oder was?«

»Wenn wir es nicht schaffen freizukommen, bricht der Kahn auseinander, dann brauchen wir die Maschine nicht mehr. Haben Sie mich verstanden? Und jetzt sehen Sie zu, dass Sie die Ballasttanks lenz kriegen. Vielleicht haben wir noch 'ne Chance«, ist meine auch nicht gerade höfliche Antwort.

Über eine halbe Stunde quäle ich nun schon die Hauptmaschine und lege zusätzlich das Ruder mal steuerbord, mal backbord. Nichts rührt sich. Der Steuermann hat das Kabelgatt und den Bugstrahlraum überprüft: kein Wassereinbruch. Kaum zu glauben. Mein Blick fällt auf das UKW-Gerät. Ich spiele mit dem Gedanken, den Notruf »*Mayday, Mayday*« abzusetzen. Oder soll ich auf Kanal 12, über Dublin Port Radio, Schlepper anfordern? Doch Schlepper werden nicht helfen können. Wenn das Wasser gefallen ist, bricht der Schlorren sowieso durch sein Eigengewicht auseinander.

Wichtig ist nur, dass die Jungs vorher gerettet werden. Doch ich beschließe, mit dem Notruf noch einige Minuten zu warten. Von der Back werde ich laufend unterrichtet: »Keine Veränderung! Nichts rührt sich!«

Weiter quäle ich die Maschine. Voll voraus. Stopp. Voll zurück. Voll zurück doppelt so lange wie voraus. Gegen 2.05 Uhr merke ich, wie sich das Schiff schwach schüttelt, aufbegehrt, unruhig wird – es beginnt zu schwingen.

Und wieder volle Kraft voraus und noch einmal zurück.

In Gedanken sehe ich meinen alten Kapitän vor mir, wie er den Hebel des Maschinentelegraphen traktiert. Ich erinnere mich an seinen ernsten Gesichtsausdruck und das vorgeschobene Kinn, das seinen Willen zeigte, das Schiff freizubekommen. Auch ich reiße mit zusammengepressten Zähnen verbiestert am Hebel. Bislang ohne Erfolg.

Plötzlich katapultiert mich die Meldung von der Back zurück in das Hier und Jetzt: »Sie kommt, sie schwimmt – jaaa – sie geht achteraus!« Es ist 2.09 Uhr. Das Schiff schwimmt wieder. Ich atme erleichtert auf. Stopp, die Maschine. Bugstrahlruder nach Backbord. Es funktioniert.

Das Schiff ist sehr weich geworden, es schaukelt wie mit überladener Decklast – kein Wunder: kaum Ballast im Schiff. Langsam legt es sich zur Seite, bekommt steuerbord Schlagseite. Vorsichtig drehe ich auf 176 Grad den rechtweisenden Kurs auf Wegepunkt Wicklow Head. Äußerst angespannt beobachte ich die Schiffs-Krängungsanzeige. Gott sei Dank, die 10 Grad Schlagseite bleiben konstant.

Das wäre geschafft. Ganz langsam voraus. Der Meister kommt auf die Brücke. Er hat sich beruhigt. Sachlich unterrichtet er mich über den Stand der Dinge: Hauptmaschine okay, Vorpiek und die anderen vorderen Ballasttanks lenz. »Mit dem Lenzen des Ballasttanks zwei auf der Steuerbordseite versuche ich die Schlagseite auszugleichen«, sagt er. »Aber ich komme nicht gegenan.«

»Tank zwei wird leckgeschlagen sein«, antworte ich. »Fluten Sie den Zweier Backbordseite, Meister, das bringt den Ausgleich.«

»Yes, Sir«, meint er, auch froh und schon wieder zu Späßen aufgelegt. Denn sie schwimmt, wir sind trocken, die Maschine dreht und bewegt sich, und der frisch gebrühte Kaffee duftet. Er ist schwarz, stark und heiß.

Der Steuermann sitzt schweigsam, in sich gekehrt vor dem Backbord-Radar. Der Meister flutet beide Doppelbodentanks drei, die Vorpiek und den Zweier backbord. Ganz sutsche kommt das Schiff gerade. Also, Tank zwei backbord ist leck. Mit den anderen Tanks wird es ähnlich sein. Auch die Brennstofftanks sind bestimmt aufgerissen. Ein Glück, sie sind lenz. Es ist kein Öl ausgelaufen. Die See und die Küste sind nicht verunreinigt.

Hm – da segeln wir nun zum Teil nur auf der Tankdecke. Komisches Gefühl. Jetzt erst merke ich, dass der Wachgängeralarm ausgeschaltet ist, und drehe den Schlüssel auf »An«.

Der Steuermann sitzt noch immer wortlos vor dem zweiten Radargerät. Ich wende mich an ihn und sage: »Sie haben mir doch bestimmt was zu berichten, oder?«

»Da gibt es nichts zu berichten.«

»Gut. Gehen Sie in Ihre Kammer, dort können Sie in aller Ruhe darüber nachdenken, was Sie produziert haben, und fertigen Sie mir einen Steuermannbericht an, damit ich den morgen vorliegen habe. Dann können Sie schlafen gehen«, sage ich. »Der Matrose wird als zweiter Mann bis 6 Uhr mit mir auf der Brücke sein. Danach sehen wir weiter.«

Ich blieb die gesamte Zeit bis zum Einlaufen und Festmachen in Cardiff auf der Brücke, sechzehn Stunden und siebenundfünfzig Minuten. Nachdem das Schiff um 19.06 Uhr am Poller 80 fest war, empfing ich die Vertreter der Versicherung und des Germanischen Lloyd. Für den nächsten Tag wurde ein Taucher mit Telekamera geordert. Er stellte zwischen den Spanten 46 und 104 auf einer Länge von etwa 35 Metern erhebliche Schäden des Unterbodens fest. Mit dem Spruch des Germanischen Lloyd Vertreters wurde das bestätigt:

SHELL PLATING DAMAGE: CLASS CONFIRMED FOR ONE VOYAGE ONLY FROM CARDIFF TO A NEAR EUROPEAN CONTINENTAL PORT BETWEEN BREST AND ELBE, HAMBURG, FOR DRYDOCKING AND NECESSARY PERMANENT REPAIRS.

(Schiffs-Außenhaut-Beschädigung: Klasse bestätigt für nur eine Reise von Cardiff zu einem nahen Hafen auf dem europäischen Kontinent zwischen Brest und Elbe, Hamburg, um in einem Trockendock die notwendigen und endgültigen Reparaturen durchführen zu lassen.)

Wir segelten dann, sozusagen auf der Tankdecke, zwei Tage später bei hervorragenden Wetterbedingungen von Cardiff nach Hamburg und kamen sofort in der Norderwerft ins Trockendock. Die Reparatur der durch das Auflaufen entstandenen Bodenschäden soll ohne die Kosten der dreiwöchigen Ausfallzeit über 1 Million Mark verschlungen haben.

Am 27. April 1998 gab die Wasser- und Schifffahrtsdirektion Nordwest, Seeamt Emden, in der Untersuchung über das Festkommen des *M/S Kirsten* auf felsigem Grund bei Bray Head nach mündlicher Verhandlung der Sache folgende Entscheidung bekannt:

M/S Kirsten auf der Elbe im Hamburger Hafen vor der Norder Werft.

»Am 17.03.1998 gegen 1.17 Uhr lief das M/S Kirsten auf der Reise von Belfast/Nordirland nach Cardiff/Wales an der Ostküste Irlands bei Bray Head auf felsigen Grund auf und erlitt erhebliche Bodenschäden. Nach dem Lenzen der vorderen Ballastwassertanks und des Hochtanks kam das Schiff aus eigener Kraft frei.

Der Unfall ist darauf zurückzuführen, dass der wachhabende Erste Offizier den Wachgängeralarm ausschaltete, kein Besatzungsmitglied als Ausguck auf der Brücke einsetzte, nach Durchführung eines Stb.-Ausweichmanövers einschlief und daher nicht auf den alten Kurs zurückdrehte. Hierdurch hat er sich fehlerhaft verhalten.

Der Kapitän hat sich in geringem Maße mitursächlich fehlerhaft verhalten, da er die Durchführung seiner Anordnung, bei Nacht in Küstennähe einen Ausguck auf der Brücke einzusetzen, nicht kontrolliert hat.

Entscheidungsgründe:

An einer Untersuchung dieses Seeunfalls im Sinne des § 1 Abs. 2 Nr. 3 und Nr. 1 Buchst. a) SeeUG., durch den das Schiff durch das Auflaufen auf felsigem Grund einen erheblichen Schaden erlitten hat und des Weiteren die Besatzung konkret gefährdet wurde, bestand auch aus mehreren Gründen ein öffentliches Interesse nach § 2 Abs. 1 Satz 1 SeeUG.

Ein Grund war zunächst darin zu sehen, dass die Ursachen und Umstände dieses Seeunfalls auch nach dem frühzeitigen Eingeständnis des beteiligten Ersten nautischen Offiziers, er sei auf seiner Seewache am 17.03.1998 infolge der allseits bekannten Dauerbelastungen im Feederdienst und aufgrund der täglichen Routine im Liniendienst zwischen den nur wenige Stunden Fahrt auseinanderliegenden irischen und walisischen Häfen wohl eingeschlafen, eingehender zu untersuchen waren.

Weitere Gründe, die eine gründliche Untersuchung dieses Seeunfalls erforderten, bestanden darin, dass zweifellos Feststellungen von fehlerhaften Verhaltenweisen des Beteiligten im Sinne des § 17 Abs. 1 Nr. 2 SeeUG zu erwarten waren und außerdem eingehend die Geeignetheit des Beteiligten im Sinn des § 19 Abs. 1 Satz1 SeeUG, diesen auch weiterhin als Wachoffizier an Bord eines Seeschiffes seinen Dienst ausüben lassen zu können, geprüft werden musste.

Nach dem Ergebnis der Beweisaufnahme belegen die Eintragungen des Ersten nautischen Offiziers in das Schiffstagebuch und in die Seekarte, dass dieser seine Seewache am 17.03. auch zunächst ordnungsgemäß angetreten und eine Kursänderung querab von Ireland's Eye bereits um 0.22 Uhr durchgeführt hat, um später auf die vorgegebene Kurslinie von rechtweisend 176 Grad zu kommen, was üblicher und guter seemännischer Praxis entspricht. Dann hat er jedoch entgegen Kapitel II Regel II/1 Nr. 8 Buchst. a) der Anlage des STCW-Übereinkommens ohne ordnungsgemäße Ablösung die Brücke verlassen und zuvor den Wachgängeralarm ausgeschaltet, den einzuschalten er nach seiner Rückkehr vergessen hat. Dies stellt eine Verletzung der seemännischen Sorgfaltspflicht dar, die auch unfallursächlich war, da er bei ordnungsgemäßem Funktionieren des Wachgängeralarms spätestens nach zwölf Minuten nachhaltig geweckt worden wäre.

Dieses fehlerhafte Verhalten des Beteiligten im Sinne des § 18 SeeUG war auch umso schwerwiegender, als er sich auch

M/S Kirsten liegt hoch und trocken im Schwimmdock der Norder Werft.

der Weisung des Kapitäns nicht gefügt hatte und bei Nacht und in Küstennähe kein Besatzungsmitglied als Ausguck auf der Brücke einsetzte, so dass er sich alleine oben befand.

Dies beinhaltet einen Verstoß gegen Kapitel II Regel II/11 Nr. 9 der Anlage des STCW-Übereinkommens, der auch ursächlich für diesen Seeunfall war, da die Ostküste Irlands vor und südlich von Dublin im Unfallbereich gut mit festen und schwimmenden Seezeichen versehen ist und ein geeigneter Ausguck eine gefährliche Annäherung des Schiffes an die Küste

Wasser- und Schiffahrtsverwaltung des Bundes
Wasser- und Schiffahrtsdirektion Nordwest
Seeamt Emden

S E E A M T S V E R H A N D L U N G

Datum: 27. April 1998 Beginn: 10.15 Uhr

Az.: SeeA21 - DI 24/98 E **SEEUNFALL:** Auflaufen im Bereich der Steilküste Bray Head/Ostküste Irland/südlich von Dublin

Unfallzeitpunkt: 17. März 1998 um 03.36 Uhr GMT

Unfallort: Bray Head 53°11,728'N 06°05,021'W

Schiffsname(n:) **Kirsten**

Flagge/Rufzeichen: Antigua and Barbuda / V2IA

Schiffstyp/Heimathafen: Frachtmotorschiff / Stade

Eigner/Reeder: Klaus Schneider KG, Fredenbeck

Charterer: Coastal-Container-Line

Raumgehalt: 2046 BRZ

Länge/Breite ü.a.: 77,95 m / 13,80 m

Tiefgang: V = 3,40 m; H = 4,30 m

Baujahr/-werft: 1983 / Sietaswerft

Gesamtstärke HM/: 735 KW

Geschwindigkeit: 13,5 kn

Wind und See: Südwest 3 Bft

Sicht: gut

Ladung/Anzahl: 242 t (79 Container / TEU + Flats)

Reise von / nach: Belfast/Nordirland nach Cardiff/UK

Kapitän: Harry Banaszak aus Fredenbeck

BESETZUNG DES SEEAMTES:

Vorsitzender:	Reg.-Direktor [redacted] WSD Nordwest, Aurich
Ständiger Beisitzer:	Seehauptkapt. [redacted] Seeamt Emden/Geschst.-Leiter
Ehrenamtlicher Beisitzer:	Kapitän [redacted] Wilhelmshaven/WSP Wilhelmshaven
Ehrenamtlicher Beisitzer:	Kapitän [redacted] Oldenburg/Reedereiinspektor
Ehrenamtlicher Beisitzer:	Kapitän [redacted] Wilhelmshaven/Techn. Beamter BAfU
Schriftführerin:	Frau [redacted] Seeamt Emden
Beteiligte:	Kapitän Harry Banaszak aus Fredenbeck
	1. naut. Offz. [redacted] Hamburg

Protokoll der Seeamtsverhandlung vom 27. August 1998 zu dem Auflaufen am St. Patrick's Day 1998.

ohne Schwierigkeiten hätte bemerken und den Wachoffizier diesbezüglich hätte warnen können.

Die primäre Unfallursache lag jedoch darin begründet, dass der Erste nautische Offizier nach Durchführung eines Stb.-Ausweichmanövers auf die Küste zu einschlief, daher nicht auf den alten Kurs zurückdrehte und infolgedessen die nach Kapitel II Regel II/1 Nr. 6 Buchst. b) der Anlage des STCW-Übereinkommens vorgeschriebenen regelmäßigen Kurs- und Positionskontrollen unterließ, so dass das Schiff schließlich nach circa einer halben Stunde auflief.«

Ich möchte aber behaupten, dass die eigentlichen Unfallursachen der Fatigue-Faktor, also die Ermüdung durch Strapazen, und das Zwei-Wachen-System waren. Der Fatigue-Faktor wird nach einer Definition einer Expertengruppe der IMO / ILO wie folgt beschrieben: »Der Ermüdungsfaktor, hervorgerufen durch Strapazen, bewirkt die Abnahme rationalen Verhaltens auf dem Gebiet der physischen und mentalen Reflexe und beeinträchtigt die Fähigkeit, vernünftige Entscheidungen zu treffen. Die häufigsten Gründe bei Seeleuten sind gestörte Ruhezeiten, wenig Schlaf, außergewöhnliche Arbeitsbelastung, Lärm und permanent gereiztes Bordklima.«

Alle Welt weiß, dass die Arbeitsbelastung der Seeleute, insbesondere auf kleineren und im Zwei-Wachen-System eingesetzten Feederschiffen, enorm hoch ist. Man arbeitet zwar daran, die Arbeitsabläufe und Aufgabenverteilung an Bord so zu organisieren, dass eine Überbelastung einzelner Besatzungsmitglieder verhindert wird. Doch wie soll das in einem System mit sechs um sechs Stunden-Wachen plus Nebenaufgaben wie bei Revierfahrten, Manöver, Nebel, Einklarierungen, geforderte Fahrten ohne Lotsen, um nur einige zu nennen, bitte schön aussehen?

Das Problem ist im Jahre 2008 noch immer nicht gelöst. Aber man arbeitet daran …

Zu den vorgeschriebenen Sicherheitsübungen gehören auch Bootsmanöver auf hoher See. Hier wird das Rettungsboot zu Wasser gelassen, damit im Ernstfall unter Stress und schlechten Wetterbedingungen, vielleicht sogar im Dunkeln, jeder Handgriff sitzt.

Weihnachten auf See

Sechzehn Tage vor Weihnachten liegen wir mit der *M/S Esmeralda* noch immer in Split, Kroatien. Aus Finnland brachten wir Schiffbauplatten für die hiesige Werft. Nun ist das Schiff seit einigen Stunden entladen. Wir warten auf eine neue Order.

Die Mannschaft wünscht sich eine Reise in den Norden, näher an die Heimat, denn alle denken in diesen Tagen öfter als sonst an zu Hause, an die Familie. Norden kann auch Portugal oder Spanien sein. Die Matrosen, der Koch und der Steuermann haben dort ihre Liebsten. Auch ich hätte gern einen Hafen im Norden, am liebsten Hamburg. Auch Rotterdam wäre mir recht. Dort könnte ich meine Frau und die Kinder in die Arme schließen.

So dreht sich das Karussell der Wünsche. Nur Romulo, der philippinische Maschinist, hat in diesem Spiel null Chance: Fernost ist nicht unser Fahrtgebiet. Und letztlich kommt die Order aus Holland. Nur das Ladungsaufkommen entscheidet über den nächsten Hafen, nicht das Weihnachtsfest und unsere Wünsche.

Endlich – am nächsten Morgen um 6 Uhr kommt die Nachricht. Es geht nach Chioggia, Italien. Der Hafen liegt in der nördlichen Adria, südlich von Venedig. 7 Uhr, Leinen los, wir verlassen Split. Der Lotse bringt das Schiff bis Splitzka Vrata, in die Nähe der Lotsenstation. Von dort steuern wir alleine weiter durch ein Gewirr kleiner Inseln zum offenen Meer. Die blaue Adria empfängt uns in bleiernem Grau und mit Nieselregen. Ich setze einen nördlichen Kurs ab. Wer sagt's denn, es geht nach Norden!

Der Navtex Receiver, ein Empfänger für nautische Warnnachrichten und Wetterberichte, fängt an zu klickern. Für die gesamte Adria keine Sturmwarnung, leicht umlaufende Winde 3 bis 4 Beaufort, wolkig, später aufheiternd, Temperatur plus 14 Grad Celsius.

Ich rechne aus, dass wir, wenn alles gut geht, morgen früh gegen 5 Uhr beim italienischen Lotsen sind. Augenblicklich ist die See ruhig. Es gibt keinen Grund, sich über Rasmus zu ärgern oder zu fluchen. Außerdem ist bald Weihnachten, und man weiß nie, ob es nicht doch eine Rasmus-Nikolaus-Connection gibt. Das wäre fatal für Schiff und Besatzung.

Ich denke mit Grauen an Weihnachten auf anderen Schiffen, und ich erinnere mich an verbrannte Gänsebraten, halbgare Puter oder ganz und gar ausgefallene Essen wegen zu starker See. Ein betrunkener Koch fällt mir ein, der seinen Moralischen bekam, sich mit Wodka dichtschüttete, dummes Zeug redete und über Bord springen wollte. Von alldem ist hier und heute nichts zu spüren. Meine spanischen Männer sind gute und disziplinierte Seeleute.

Das Wetter hat sich an die Vorhersage gehalten. Die Reise ist nach den vorausberechneten 22 Stunden zu Ende. Nun ist Freitag, der 9. Dezember, 5 Uhr. Noch fünfzehn Tage bis zum Fest. Ich stehe auf der Brücke und halte Ausschau nach der Ansteuerungstonne von Chioggia und dem Lotsen. In Chioggia sollen wir 3000 Tonnen Drahtrollen für den portugiesischen Hafen Setubal laden.

Die Männer sind gut gelaunt, die Stimmung an Bord ist fantastisch. Setubal als nächster Hafen gefällt ihnen, denn alle meine Seeleute kommen aus der Gegend von La Corunia und Cabo Finisterre in Spanien. Das sind nur acht Autostunden bis Setubal. Ein Besuch der Familie ist möglich. Für meine Jungs wäre das das schönste Weihnachtsgeschenk, denn sie sind schon seit Monaten an Bord.

Gleich nach dem Einlaufen in Chioggia beginnt die in den Häfen übliche Betriebsamkeit. Agent, Polizei, Zoll und Hafendienst sowie Hafenarbeiter überfallen im wahrsten Sinne des Wortes das Schiff. Luken auf, schon drehen sich die Kräne, und die Drahtrollen verschwinden in den Laderäumen, pünktlich mit Hafenarbeitsbeginn um 8 Uhr.

Der Koch bittet um Frischproviant. »Vielleicht bekommen wir auch einen echten Weihnachtsbaum«, meint er. »Gute Idee«, sage ich. Über den Agenten lasse ich einen Schiffshändler kommen, um die Bestellungen aufzugeben.

Inzwischen ist es schon 11.30 Uhr. Immer noch ist kein Schiffshändler in Sicht. Deshalb beschließe ich, an Land zu gehen und Geld zu tauschen, um selbst einzukaufen. In ande-

Das Schiff ist entladen, wir warten auf Order. Am nächsten Morgen endlich kommt das neue Fahrziel. Es geht nach Chioggia in Italien.

ren Ländern geht das – warum soll es in Italien nicht klappen?

Doch ich irre mich. Ohne Landgangsticket darf ich nicht von Bord. Mein Schiff führt die Antigua-Flagge, und Antigua gehört nicht zur EU. Ein Landgangsticket wird erst nach genauer Überprüfung der Seefahrtbücher ausgestellt, und die liegen seit heute morgen bei der Emigrationsbehörde. Wann sie bearbeitet werden, ist ungewiss.

Doch die Zeit drängt, denn heute ist Freitag. Die Banken schließen um die Mittagszeit. Dann ist Wochenende. Das Schiff ist aber morgen früh schon beladen, und wir laufen aus. Alles sehr kompliziert! Mein Koch kann ohne Gemüse nicht kochen, sagt er, was für die spanische Küche, die er führt, auch stimmt. Und die Reise nach Setubal wird etwa neun Tage dauern. Der Koch sieht uns schon abgemagert über die Decks schleichen und kündigt eine trostlose Vorweihnachtsstimmung an. Er hat recht. Essen und trinken hält Leib und Seele beisammen, vor allem auf See.

Ich habe eine Idee. Schließlich bin ich ein Bürger der Europäischen Union und habe einen deutschen Pass. Damit sollte ich doch wohl an Land kommen und so auch zur Bank, um Geld zu wechseln. In der Schiffskasse sind 400 Finnmark, die ich loswerden möchte. Dieses Geld, umgerechnet etwa 120 Mark, reicht nach meiner Erfahrung zum Kauf der gewünschten Waren aus.

Um 11 Uhr gehe ich an Land. Knappe 100 Meter vom Kai ist das Tor mit dem großen Zollschild »*DUANE*«. Dort werde ich erwartungsgemäß von uniformierten und bewaffneten Wachposten angehalten. »Passaporto, prego!« Ich zeige meinen deutschen Pass und sage mit wichtiger Mine: »Ich commandante von *Esmeralda,* muss *importante* Gespräch machen mit *Agenzia Marittima Internationale.*«

»*Si*«, sagt einer der Posten und zeigt auf ein großes weißes Haus. »*Li, la casa bianca.*«

»*Grazie*«, erwidere ich und eile davon.

Der *agente* ist erstaunt, mich ohne Landgangsticket zu sehen. Ich zeige ihm meinen Pass. »Verstehe«, sagt er. Ein Mitarbeiter der Agentur begleitet mich zur Bank, als Fremdenführer und Dolmetscher. Durch Gassen und Gässchen über Brücken von Kanälen erreichen wir die *Cassa di Risparmio di Venezia SpA.*

Das Vestibül der Bank und der Schalterraum blinken in reinstem Marmor. Zehn Schalter, fast alle besetzt, warten auf Kundschaft. Der Kassierer kann mit meinen Finnmarkas nicht viel anfangen, schon gar nicht kurz vor dem Wochenende. Dabei ist die Finnmark eine europäische Währung, und Finnland wird in wenigen Tagen, am 1. Januar 1995, Mitglied der Europäischen Union. Aber vielleicht weiß er das noch nicht.

Der Kassierer reicht das Geld einem Herrn mit Schlips und Kragen, dann wird noch ein Banker herbeigerufen, Bankangestellte heben interessiert die Köpfe. Ich fühle mich unwohl, alle gucken mich an. Die denken bestimmt, ich habe Probleme. In der Tat: Wenn mir das Geld nicht gewechselt wird, habe ich bestimmt welche. Und in wenigen Tagen ist Weihnachten.

Nun spricht mein Begleiter auf die diskutierenden, immer wieder auf das Geld und die Uhr schauenden Herren ein. Ich höre immer wieder »*commandante alemania*«. Mit einem Blick, der wohl sagen soll: »Na, dann glauben wir ihm mal, dass das Geld echt ist«, reicht mir einer der Herren ein Devisenwechselformular zum Ausfüllen.

Der Kassierer zahlt mir 123 800 Lira aus. Ich eile schnellstmöglich zurück an Bord. Zur gleichen Zeit bringt der Agent die Landgangspapiere. »Prima, jetzt kann ich den uns fehlenden Proviant doch noch selber besorgen«, freue ich mich. Da meint er ganz trocken: »Einkaufen geht nicht, der Zoll muss die Ausfuhr genehmigen. Das Schiff gehört zu keinem EU-Land. Nur ein Schiffshändler darf liefern.« Ich bin geschockt. Alle Liebesmüh war umsonst! »Okay«, sage ich, »rufen Sie einen Schiffshändler!«

Der Schiffshändler kommt um 17.30 Uhr. »Gut, *Capitano,* ich werde liefern Montagmorgen«, erzählt er mir, mein Englisch ignorierend – er freut sich, etwas deutsch sprechen zu können. Ich rechne es ihm hoch an. Dennoch kommen wir nicht ins Geschäft. Am Montag will ich die Straße von Otranto passiert und die Adria verlassen haben, also schon zwei Tage auf See sein. Montag ist zu spät.

Jetzt ist guter Rat teuer. Ich entscheide, doch selber einkaufen zu gehen, egal was passiert. Drei Männer und der Koch sind mit von der Partie. An Land zu kommen ist jetzt kein Problem, wir haben alle einen Passierschein. Nach dem Abendessen geht's los.

Gleich hinter dem Zolltor beginnt die Stadt. Der erste Gemüsehändler macht das Geschäft. Unser Koch ist in seinem Element. Bis auf die letzte Lira wird alles für Kartoffeln, Tomaten, Möhren, Äpfel, Mandarinen, Apfelsinen, Eier und Grünzeug, jede Menge Süßigkeiten und Nüsse ausgegeben.

Ein Matrose trägt den Sack Kartoffeln auf dem Rücken, ich trage die Kiste Äpfel vorm Bauch, José, der Koch, hat zwei schwere Tüten Möhren unter dem Arm, Juan, der Bootsmann, schleppt die Kiste mit den Apfelsinen und dem Grünkram auf der Schulter, und Pablo balanciert vorsichtig die Kiste Eier.

Wir nähern uns dem Kontrollpunkt am Hafentor. »Hallo, *Esmeralda*«, rufe ich in die Dunkelheit hinein. Der Wachposten, wohl beim Telefonieren gestört, blickt kurz durch die Tür der Wache. Ehe er etwas sagen kann, sind wir vorbei und fast an der Gangway unseres Schiffes. Rauf auf die Gangway, alles schnell in die Proviantlast gestaut – fertig. José ist zufrieden, die Mahlzeiten sind gerettet, und die vorweihnachtlichen Tage können kommen. Nur einen echten Tannenbaum haben wir noch nicht. Schade.

Weihnachten, so rechne ich, werden wir auf See sein. Wenn wir morgen früh, am Samstag, dem 10. Dezember, beladen sind und auslaufen, sind wir voraussichtlich am 18. Dezember in Portugal. Löschen, vielleicht laden. Dann wieder raus. Wir sind schließlich ein Seeschiff, kein Hafenschiff. Nur auf See verdient ein Schiff sein Geld, sagt der Charterer. Der muss es wissen. Und dann haben wir nur noch vier Tage bis zum Fest.

Die Ladungsarbeiten hier in Chioggia gehen zügig voran. Es wird in drei Schichten gearbeitet. Oft vergesse ich bei diesem Trubel, dass übermorgen schon der dritte Advent ist.

Inzwischen meldet der Maschinist, dass wir Brennstoff brauchen. Damit habe ich überhaupt nicht gerechnet. »Um bis Portugal zu kommen, müssen wir noch 20 Tonnen Gasöl zubunkern«, sagt er, »auch Frischwasser muss noch bestellt werden.«

Obwohl alles so einfach zu ordern scheint und Chioggia eine Hafenstadt ist, die hauptsächlich vom Hafen- und Schiffsverkehr lebt, sind die magischen Worte »Wochenende« und »Geld« fest in den Köpfen der Landmenschen verankert. Genau wie es mir der Schiffshändler vorhin beim Proviant erklärte, will man den Brennstoff und das Wasser erst am Montag liefern, oder es muss ein gewaltiger Zuschlag gezahlt werden.

Es wird hin und her telefoniert. Den Wochenendzuschlag, der die Lieferungen wesentlich verteuert, will der Charterer nicht bezahlen. Bleibt nun die Frage, ob es vorteilhafter ist, in Ceuta oder in Gibraltar einen Stopp einzulegen, um vollzubunkern, oder hier in Italien nur eben bis zum nächsten Hafen die Tanks aufzufüllen, um dann in Portugal wieder richtig zuzuschlagen. Zuletzt hatte ich in Kopenhagen 100 000 Liter Gasöl übernommen, Mitte November während der Reise von Raahe, Finnland, ins Mittelmeer nach Split, Kroatien, mit diesen Schiffsplatten. Das ist lange her.

Endlich gibt es grünes Licht aus Holland. Ich bekomme noch heute Brennstoff und Wasser in Chioggia. Gut so.

Obwohl die Arbeit und der Dienst die ganze Mannschaft sehr stark beanspruchen, sind meine Leute doch mehr in sich gekehrt als sonst. Es gibt Minuten, die traurig stimmen, die ihnen die Abgeschiedenheit von der restlichen Welt, gerade jetzt in der Weihnachtszeit, recht eindeutig und schmerzhaft vor Augen führen.

An Land sind Trubel, eine Hatz nach Erleben, ein Lichtermeer in den Straßen. Festlich dekorierte Geschäftsauslagen verführen zum Kauf von Geschenken. Bunte Reklame, die die Sinne blendet, und die leuchtenden Girlanden, die Wege und Bäume überspannen, erinnern auf Schritt und Tritt an das nahe Fest. Es duftet nach Weihnachtsgebäck und Glühwein.

Hier bei uns an Bord dagegen: nur Kräne, die sich im Gleichtakt drehen und eine Eisenrolle nach der anderen in das Schiffsinnere hieven. Docker in grauer Arbeitskleidung. Der Geruch von Öl, Diesel, Farbe und Tang von Dalben und Spundwänden hängt in der Luft. Nordöstliche Winde tragen das feuchtkalte Wetter der Adria in den Hafen. Die Tage in kaltem Grau, die Nächte in das grelle Scheinwerferlicht der Hafen- und Bordlampen getaucht – da kommt keine besinnliche Stimmung auf.

Seit Samstag, dem 10. Dezember, 12.30 Uhr dreht die Maschine wieder volle Fahrt voraus. 24 Stunden schiebt sich das Schiff schon wieder in Richtung Süden. 1000 Kilometer, also 540 Seemeilen, sind es bis zur Straße von Messina. Das sind zwei Tagesreisen. Noch einmal 2000 Kilometer sind es bis Gibraltar. Erst dann empfängt uns der Atlantik. Die voraussichtliche Ankunftszeit für Setubal ist Sonntag, der 18. Dezember abends. Der vierte Advent. Bei gutem Wetter ist das zu schaffen.

Heute, am Sonntagabend, umrundet das Schiff das Cape Torranto. Hier werden alle Schiffe kontrolliert, die die Adria befahren. Die UN-Kontrolle besteht nur aus Umfliegen und Anleuchten durch einen Nato-Hubschrauber und UKW-Radiokontakt. Der Name des Schiffes, Flagge und letzter Hafen in der Adria werden abgefragt. Das war's. Wir können ungehindert die Adria verlassen und dampfen durch das Ionische Meer in Richtung Sizilien.

An Backbord taucht die sizilianische Küste mit ihren hohen Bergen auf. Hier gibt es wieder UKW-Funkkontakt mit dem Festland. UKW-Gespräche sind wesentlich preiswerter als Gespräche über einen Mittelwellen-Sender.

Dienstag, 13. Dezember. Heute morgen ein Uhr passierte das Schiff die Straße von Messina. Jetzt zur Frühstückszeit erheben sich an der Steuerbordseite die Vulkaninseln Salina, Stromboli und Alcudi fast 1000 Meter aus dem kristallklaren, blauen Tyrrhenischen Meer. Wie ein Sommertag gibt sich dieser Morgen elf Tage vor Weihnachten: Es ist windstill, die Sonne scheint über alle Berge. Eine gestochen scharfe Kimm, und das Thermometer zeigt plus 18 Grad Celsius im Schatten. Die Matrosen malen Grün. Alle Decks brauchen vor dem Winter, der uns garantiert erwartet, noch einen Schlag Farbe.

Der Koch tut sein Bestes, uns alle bei Laune zu halten. Auf dem Speiseplan stehen Paella, täglich frisch gebackenes Weißbrot, Muscheln, Kartoffelsalat, Schweinefleisch in Räucherspeckscheiben gerollt, Kuchen und Torten zur *coffee time*, gegrillter Fisch, frische Salate mit Zwiebeln und Tomaten, Schnitzel und Braten.

An der Backbordseite kommen die hohen sizilianischen Berge immer näher. Hier gibt es wieder über UKW Funkkontakt mit dem Festland. UKW-Gespräche sind billiger als die über Mittelwelle, deshalb wird diese Gelegenheit zum Telefonieren genutzt, und alle kommen in die Funkbude, um den Familien die Ankunftszeit des Schiffes in Portugal durchzugeben.

Auch ich spreche mit meiner Frau in Deutschland und sage ihr, dass wir uns erst im März nächsten Jahres sehen werden. Sie nimmt es gefasst auf und wird die Festtage wieder nur allein mit den Kindern verbringen. Das ist das Los aller Seefahrerfamilien. Auf der ganzen Welt.

Weihnachten rückt immer näher. Acht Tage nur noch bis zum Heiligen Abend. Der Kalender zeigt Freitag, den 16. Dezember. Gibraltar ist passiert. Der Atlantik ist bis auf die übliche lange Dünung ruhig, wolkenbehangener Himmel, der Wind brist leicht aus Nordwest. Ab und zu durchbricht »Klärchen« die Wolken, dann ist es mit 18 Grad Celsius angenehm warm.

Samstag, der 17. Dezember. Die Maschine arbeitet wie ein Uhrwerk. Am Nachmittag umrundet das Schiff den westlichsten Punkt Europas, Cabo de São Vicente. Das Wetter hält sich laut Radio Norddeich. Morgen, schon am Vormittag, sind wir in Setubal.

Sonntag, der 18. Dezember. Um 9.30 Uhr ist das Schiff längsseits der Pier und fest. Der Agent kommt an Bord, ein altbekanntes Gesicht. Wir kennen uns von früheren Reisen. So finden die Einklarierungsformalitäten in äußerst freundschaftlicher Atmosphäre statt. Gleichzeitig erhalte ich die neue Reiseorder: Es geht mit Marmor nach Montrose bei Aberdeen (Schottland).

Es wird zügig gelöscht und anschließend geladen. Einige Leute – leider nicht alle – bekommen Besuch von ihren Frauen. Die Zeit vergeht rasend schnell. Schon laufen wir wieder aus, Kurs Nord. In drei Tagen ist Heiligabend.

Das schönste Weihnachtsgeschenk, das uns Rasmus machen kann, ist der achterliche Wind, der das Schiff durch die Biskaya pustet. Selten erlebte ich sie so kooperativ wie heute. Das Schiff bewegt sich so behäbig in der See, dass sogar die Gläser auf der Back nicht verrutschen und zu Bruch gehen.

José, der Koch, zeigt in der Kombüse, was er kann. Es duf-

Seemannslos. 16 Tage vor Weihnachten ist noch immer unklar, wo das Schiff zum Fest sein wird. Jetzt schiebt uns der Wind durch die Biskaya. Heilig Abend peile ich das Leuchtfeuer „Phare de Creach" von Ouessant. Es ist das erste Leuchtfeuer nach der Überquerung der Biskaya.

tet aus seiner Back- und Kochwerkstatt nach Gebackenem und Gebratenem, nach Fisch, Knoblauch, Vanille und gerösteten Kartoffeln mit Speck und Zwiebeln. Heute wird, bis auf die Wachen und die Kombüse, nicht gearbeitet. Es herrscht Ruhe im Schiff.

Die Messe ist mit kleinen Plastikweihnachtsbäumen geschmückt. Sie strahlen ganz wenig, aber doch genug, um auch optisch an das Fest zu erinnern. Etwas sehr bunte, schon viele Male gebrauchte Girlanden hängen unter der Decke und wiegen sich im Takt der gemächlichen Schiffsbewegung. In der Messe stehen zwei große Tische, einer für die Matrosen, der andere für die Offiziere. Zwei Anrichten und die Gardinen vor den Bullaugen beleben trotz ihrer Einfachheit die maritime Atmosphäre des Raumes. Alles ist blitzsauber. Sogar weiße Laken hat der Koch als Tischtücher auflegen lassen. Neun Teller mit Äpfeln, Apfelsinen, Nüssen und Süßigkeiten stehen auf der mannschaftsseitigen Anrichte, rutschfest auf nassen Tüchern.

Meine Wache verläuft ruhig. Zum Mittagessen gibt es Kohlroulade auf Spanisch mit viel Knoblauch und gerösteten Kartoffeln, Eis als Nachtisch und dann für jeden, der will, einen frisch aufgebrühten Kaffee mit viel Zucker und Sahne. In Gedanken bin ich daheim und schreibe, bevor ich mich zur Ruhe begebe, ein paar Zeilen an die Familie. Dann brauche ich eine Mütze Schlaf, um für den zweiten Wachtörn von 18 bis 24 Uhr fit zu sein.

Täglich zum Abendessen, so auch am heutigen Heiligen Abend, erscheine ich um 17.30 Uhr in der Messe. Romulo, mein Maschinist, begrüßt mich lachend: »*Everybody is waiting for you*.« Die ganze Mannschaft ist versammelt, außer dem Steuermann, der die Brückenwache geht. »*Holla*«, sage ich, »*feliz navidad*«, und drücke jedem, verbunden mit einem persönlichen Wunsch, die Hand. Ein spanisches Weihnachtslied tönt aus Josés Kassettenradio. Ich muss schlucken.

Jetzt tischt der Koch das Festtagessen auf. Diese hilflose Traurigkeit überkommt einen immer wieder, alle Jahre dasselbe Spiel. Das ist schon meine dritte Weihnacht, die ich hintereinander auf See bin. Im nächsten Jahr, nehme ich mir vor, werde ich zu Hause zu sein.

Geröstete Shrimps, Tintenfisch mit Shrimps paniert, zarter Schweinebraten in Weinsoße, heiße Brühe, frisch gebackenes Weißbrot und Pommes Frites. Als Dessert ein Stück Kuchen, eine Tortenschnitte mit Sahneschokolade gefüllt, eine Tasse Mokka.

Die Zeit ist viel zu knapp für mich, um alles in Ruhe zu genießen. Um 17.55 Uhr muss ich auf der Brücke den Steuermann ablösen, der froh ist, seinen Zwölf-Stunden-Tag geschafft zu haben. 23.55 Uhr muss er wieder auf der Brücke sein. Dann sind meine zwölf Stunden Tagewerk geschafft. Sechs um sechs Wachen sind auch im 20. Jahrhundert noch üblich, auch an Tagen wie diesem.

Meine Mannschaft sitzt nach dem Essen noch bis 23 Uhr in der Messe bei Wein und Bier und spielt Karten. Sie reden bestimmt über ihre Familien.

Die M/S Esmeralda stampft durch die leicht krabblige See.

Kurz vor Wachwechsel um Mitternacht peile ich Leuchtturm Ouessant querab und ändere den Kurs zur Einfahrt in den Westausgang des Englischen Kanal. Der Steuermann löst mich pünktlich ab und übernimmt die Wache. Ich habe fünfeinhalb Stunden Ruhe.

Relativ gut ausgeruht trete ich am ersten Feiertag die Wache an. Ich frühstücke auf der Brücke. Die Selbststeueranlage arbeitet hervorragend. Der duftende Kaffee und das noch warme, heute morgen gebackene Weißbrot mit Butter und Erdbeermarmelade muntern mich weiter auf.

Der Wind hat zugenommen, er weht sehr stark aus Südwest in Windböen bis zu 70 km/h. So jagt Rasmus das Schiff mit achterlicher See in den Ärmelkanal. Die Sicht ist nicht sehr gut. Wenn sie schlechter wird, brauche ich einen Mann als Ausguck. Ich höre Deutschlandfunk, Weihnachtslieder tönen aus dem Lautsprecher.

Die blaue Adria ist nur noch Erinnerung. Meine Gedanken sind daheim bei meiner Frau und bei den Kindern. Ich vermisse sie sehr stark. Gerade in diesem Augenblick. Jetzt singt ein Chor *Alle Jahre wieder.*

Fahrt ins Eis

Der erste Weihnachtsfeiertag ist jetzt 18 Stunden alt. Nun hat uns der Alltag eingeholt. Ab morgen wird wieder normal gearbeitet. Der Steuermann hat die zwei mal sechs Stunden geschafft. Jetzt genießt er seine Freiwache und in der Messe die Spiegeleier mit Bratkartoffeln, Speck und Zwiebel. Der Bratenduft zieht durch die Aufbauten des Achterschiffs bis hinauf auf die Brücke.

Wie schnell die Feiertage vergehen, denke ich. Im Alltag hängen Gewichte am Stundenzeiger der Uhr. Dann scheint die Zeit still zu stehen. Die Tage, die Wachen vergehen nur schleppend.

Nasskalter Wind fegt durch die Nock. Im Ruderhaus verbreiten zwei Heizkörper wohlige Wärme. Meine Gedanken sind bei meiner Frau und den Kindern. Es ist schon komisch. Nichts passt zusammen... Realität und Wünsche, Beruf und Familie.

Meine Arbeit lenkt mich ab.

Ich trage die Uhrzeit, den gesteuerten Kurs, die Position des Schiffes und das Wetter ins Logbuch. Die Wellen verwischen das Kielwasser.

Am Heiligen Abend kam das Feuer von Phare du Creac'h durch, unser Schiff umrundete Ouessant, die westlichste Ecke Frankreichs, und verließ den Golf von Biscaya.

Das war gestern.

Und jetzt schieben wir uns, volle Kraft voraus in den Westausgang des Englischen Kanals hinein, und der Meerenge von Dover entgegen.

Wir kommen von Setubal, einem portugiesischen Hafen, und haben 2750 Tonnen Marmorplatten geladen. Der Bestimmungshafen ist Montrose in Schottland, etwa 26 Seemeilen südlich von Aberdeen.

Augenblicklich steuere ich 093 Grad. Der Wind weht noch immer aus Südwest und brist kräftig und ausdauernd gegen die Tide. Die See bäumt sich auf. Das Schiff dreht und wendet sich zwischen den Wellenbergen, es wird vom Sturm geschoben, vom Gezeitenstrom gebremst und gebärdet sich wie ein wildes Pferd, das zugeritten werden soll. Ich hänge im Sitz vor dem Radargerät und fühle mich wie ein Cowboy beim Rodeo, der jeden Augenblick abgeworfen werden kann.

Auf dem Radarschirm sehe ich einen weißen Punkt: ein mitfahrendes Schiff. Langsam laufen wir auf. Der Mitläufer ist sechs Seemeilen vor uns. Die Nacht ist sehr dunkel, aber mit dem Glas erkenne ich die Lichter der Aufbauten des vor uns fahrenden Fahrzeugs. Der Wind weht immer noch kalt über die Nock – eigentlich normal, es ist schließlich Dezember. Das habe ich vergessen. Der Süden hatte mich mit Sonne und Wärme verwöhnt. Unwillkürlich ziehe ich meinen Kopf zwischen die Schultern und stelle den Kragen hoch. Die Luft schmeckt nach Salz.

Backbord zeigt sich das Leuchtfeuer von Beachy Head. Sein Blitz zerreißt die Dunkelheit. Wie ein ausgestreckter Finger fliegt der Feuerschein über den Horizont und weist den Schiffen den Weg durch die Wellenberge mit ihren weißen Schaumkronen. Lichter markieren die Küste von East Sussex. Fünf Decks tiefer dröhnt die Hauptmaschine. Hier hat die Technik das Sagen.

Oben im Mast dreht sich der Scanner des Radargerätes unermüdlich um die eigene Achse und summt wie ein Schwarm Mücken. Der Autopilot im Ruderhaus arbeitet gut. Auf dem Radarschirm, Meilen voraus, sehe ich viele kleine weiße Punkte. Und jeder Punkt ist ein Stern mit seiner eigenen Welt. Auch wir sind ein weißer Punkt auf einem Bildschirm.

Alle Männer auf dem Schiff sind wichtig, aber der wichtigste Mann an Bord – das ist der Koch. Wie er kocht, so ist die Stimmung. Und die ist gut. Bei ihm duftet es in der Kombüse schon morgens um fünf nach frischem Weißbrot. Punkt sieben steht auch das Frühstück auf der Back.

Heute ist zwar Montag, aber ein Feiertag. Feiertags gibt es wie sonntags zum Frühstück Eier nach Wunsch statt nur Hawaii-Toast. Ordnung muss sein. Jeder Tag hat seinen traditionellen und altbewährten Speiseplan, der aus der Segelschifffahrt des 18. Jahrhunderts übernommen ist.

Die Tage schmelzen dahin. Morgen ist Silvester, der letzte Tag des Jahres. Die Ladung aus Portugal ist längst gelöscht,

Die Nordseewellen werden immer höher und es bilden sich schon weiße Schaumkronen.

und wir sind wieder auf See. Montrose, Schottland, ist Vergangenheit; der nächste Hafen ist Pärnu in Estland. Neue Reise, neues Ziel.

Wir steuern quer durch die Nordsee zum Skagerrak. Das Schiff ist ohne Ladung leicht zu Fuß und schüttelt sich wieder wie ein widerspenstiger Gaul. Die See ist verflucht ruppig, sehr hoch und kommt mehr von achtern als quer. Sturmklappen schützen alle Fenster des Hauptdecks. Die überkommenden Brecher können gefährlich werden, denn Nordsee ist Mordsee.

Aus der tiefen nächtlichen Schwärze röhrt der Sturm in den Wanten. Keine Kimm ist zu sehen, kein Himmel. Wie von unsichtbarer Hand gezogen bahnt sich das Schiff seinen Weg durch die aufgewühlte See. Morgen müssten wir die Skagen-Tonne erreichen, habe ich ausgerechnet.

Bis jetzt ist Rasmus gut zu uns gewesen. Zwar schickt er immer noch viel Wind, der die See aufwühlt und uns durch-

Im Kattegat treiben einige Eisschollen, die sich an der Bordwand reiben. Es knirscht und scheppert.

schüttelt, aber er lässt den Wind von achtern pusten, und der schiebt und treibt das Schiff vor sich her. Wir machen gute Fahrt.

Silvester haben wir Skagen passiert. Skagen 1, die Leuchttonne, schickt unermüdlich ihre Kennung über die See und begrüßt so alle vorbeifahrenden Schiffe und das neue Jahr. Wir haben Glück, im Skagerrak ist kein Eis. Nur im Kattegat treiben einige Schollen, die sich an der Bordwand reiben. Es knirscht und scheppert, wenn das Schiff sie in voller Fahrt aufreißt und in tausend Stücke zersplittern lässt. Das klingt, als würde die Bordwand von vorn bis hinten aufgerissen.

Das neue Jahr überholt uns bei Bornholm. Bunte Raketen erklimmen von Kristianstad her den schwedischen Himmel und lösen sich unter den niedrigen Wolken in Wohlgefallen auf. Der dänische Himmel über Bornholm zeigt sich umweltbewusster: Er bleibt dunkel.

Die Ostsee ist vollkommen frei. Kein Eis, wir kommen gut durch. Erst in der Rigaer Bucht wird der Winter wieder sichtbar. Eisfelder empfangen uns. Wir poltern hindurch, bis uns ein dicker Eisgürtel 20 Seemeilen vor Pärnu endgültig stoppt. Jetzt geht ohne Eisbrecher nichts mehr. Drei Kümos haben sich schon festgefahren. Wir warten.

Endlich, nach zwei Stunden, kommen der Eisbrecher und der Lotse. Im Konvoi mit den anderen Schiffen geht es weiter. Erst um 22 Uhr am Montag, dem 2. Januar 1995, erreichen wir den Hafen von Pärnu. Stockfinster und eisig kalt ist die Nacht. In Schottland war das Wetter schon recht ungemütlich, doch hier ist sibirischer Winter. Langsam schieben wir uns längs der Pier und machen mit unserer Steuerbordseite fest.

Pärnu ist ein früherer sowjetischer Fischereihafen. Gegenüber von unserem Schiff liegen 20 Fischkutter und träumen zwischen den verölten Eisschollen von vergangenen Zeiten. Sie sind nicht mehr in Fahrt und rosten dahin.

Wir laden Blumenerde für Holland. Mobilkräne hieven den Stoff Greifer für Greifer von Lastwagen in unsere Luken. Die Ladungsarbeiten ziehen sich hin bis in den Donnerstag.

Am Mittwoch, spät nach dem Abendessen, hält ein schickes Auto vor der Gangway. Besuch für mich. Ich begrüße einen jungen Mann. »*Good evening, Captain*«, sagt er, reicht mir die Rechte und ergreift mit der linken Hand meinen Oberarm, plump vertraulich, als hätten wir zusammen schon manche Flasche geleert. Er redet und redet. Sein Englisch ist hart in der Aussprache und sehr holprig.

Nur das Wort »business« verstehe ich, und »Dollar«. Er will ein Geschäft mit mir machen. Doch was für ein Geschäft das sein soll, ist mir ein Rätsel. »*Come*«, sagt er schließlich. »*I will show you.*« Ich gehe mit ihm zur Gangway. Pablo, José

Im Konvoi mit anderen Schiffen folgen wir dem Eisbrecher.

und der Steuermann stehen an Deck und grienen mich an. Ich sehe ein paar blonde Haarschöpfe und nackte Schenkel in der offenen Autotür. Da weiß ich Bescheid und wünsche dem Geschäftsmann und seiner Crew noch einen schönen Abend. Mürrisch verlässt er das Schiff.

Fünf Tage später laufe ich mit dem Schiff schon wieder in Delfzijl, Holland, ein. Mit Lotsenberatung geht es durch die Kanäle weiter nach Moerdijk. Dort wird die Blumenerde gelöscht und in 50-Liter-Plastiksäcke mit dem Aufdruck »Blumenerde aus Holland« abgefüllt. So rollt der Rubel, und die Wirtschaft boomt.

Diese Reisen beschäftigen uns bis in den März hinein. Jede Rundreise dauert zehn bis zwölf Tage. Das ist sehr stressig. Die vielen Revierfahrten, der Nord-Ostsee-Kanal mit den Schleusen, Eis in der Ostsee und der Rigaer Bucht, auch die winterlichen Stürme zehren an den Nerven der Besatzung. Wir alle sind urlaubsreif.

Mein Schreibtisch im Kapitänssalon. Hier erledige ich alle schriftlichen Arbeiten, die beim Betrieb eines Schiffes anfallen.

Moerdijk, Montag, 13. Februar: Ich bekomme ein Telex. Der Reeder teilt mir mit, dass ich morgen früh vor Auslaufen des Schiffes abgelöst werde. Ich freue mich, das ist eine Überraschung. Sofort schreibe ich den Reisebericht, mache die Kassenabrechnung, die Kantinenaufstellung, überprüfe die Stundenzettel und die Vorschussliste. Dann kommen alle meine Plünnen in den Koffer, und ich bin fertig.

Seit dem 8. November vorigen Jahres bin ich an Bord. Vor gut vier Monaten hatte ich in Kolding, Dänemark, das Schiff übernommen, und die Reise ging nach Raahe, Finnland. Mit Eisenplatten für eine Werft in Kroatien. Jetzt muss ich nur noch den Schreibtisch im Salon aufklaren, dann geht die Reise nach Hause, ab in den Urlaub, zu Frau und den Kindern. Doch auch nach dieser schönen Zeit wird es wieder einen Abschied und eine neue Reise geben.

Wir liegen mit der M/S Craigavad, der späteren M/S Kirsten, vor Bilbao in Spanien auf Reede am Anker. Die Zeit wird zum Rettungsbootmanöver genutzt. Steuermann Heinz Büttelmann sitzt an der Ruderpinne. Jede Übung dient der Sicherheit und Kontrolle der Rettungsausrüstung und wird im Logbuch vermerkt.
Heinz Büttelmann, der sein ganzes Leben der See verschrieben hatte, ist schon mit 56 Jahren auf seine letzte Reise gegangen. Heinz war ein zuverlässiger Seemann und ein guter Kamerad.

Begriffe der Seefahrt

Dieses Verzeichnis der seemännischen Ausdrücke umfasst nur Begriffe, die im Buch verwendet werden. Es soll eine Hilfe für Leser sein, die bisher wenig mit der Seefahrt zu tun hatten.

Ablandig: vom Land her (wehen, strömen). Gegenteil von
Auflandig: zum Lande hin.
Ablegen: die Pier verlassen.
Abmustern: Heuerverhältnis lösen, Dienst beenden.
Achteraus: hinter dem Schiff.
Achterlich: alles, was sich zwischen querab und Kiellinie befindet.
Achtern: hinten
Achterliche See: Wellen, die von hinten kommen.
Achterschiff: der hintere Teil des Schiffes.
Ankerspill: Winde, um den Anker hoch zu ziehen.
Auflaufen: das Schiff ist mit dem Grund oder mit einem Felsen in Berührung gekommen. Auch: einem anderem Schiff näher kommen und es eventuell überholen.
Aufklaren: Wetter: die Sicht wird besser. An Bord: Ordnung schaffen.
Ausscheiden: Feierabend machen.
Back: Esstisch in der Messe, auch das Vordeck am vorderen Teil des Schiffes.
Backbord: linke Schiffsseite in Fahrtrichtung.
Backschaftslappen: Geschirrabwaschlappen.
Ballasttank: Tank, der mit Seewasser gefüllt (geflutet) wird, um zum Beispiel das Schiff tiefer ins Wasser zu bekommen.
Bauernnacht: wachfreie Nacht im Hafen, die von den Seeleuten gern zum Landgang genutzt wird.
Beaufort: englischer Admiral (1774–1857), der die einheitliche Wetterbeobachtung auf See einführte. Nach ihm ist die Skala für Windstärken benannt.
Betonnung: schwimmende Seezeichen zum sicheren Manövrieren.

Blitz: Elektriker an Bord, auch Leuchtfeuerkennung.
Brecher: große Wellen mit überstürzendem Wellenkamm.
Broker: Schiffsmakler.
Clerk: Mitarbeiter des Maklers, der Verbindung hält zwischen Schiff, Maklerbüro, Charterer und Hafenbehörden.
Bruttoregistertonne: Vermessungsmaß von Seeschiffen (nicht mehr gebräuchlich).
Brücke: Kommandozentrale (auch Ruderhaus genannt). Von dort wird ein Schiff gesteuert.
Brückennock: seitliche Erweiterung des Ruderhauses.
Bugwelle: die am Bug (vorn) während der Fahrt entstehende Welle.
Bugstrahlruder: elektrisch angetriebener Propeller, meistens vorn am Bug, der beim seitlichen Manövrieren des Schiffes hilft.
Bunkern: Übernahme von Treibstoff für das Schiff.
Charterer: Mieter von Schiffen.
Containerbrücke: ein Spezialkran zum Verladen der Container.
Containerterminal: Spezialhafen für den Containerumschlag.
Konvoi: Schiffe fahren hintereinander im Kielwasser.
Deck: durchgehender, waagerechter Boden im Schiff.
Decksladung: Ladung, die auf den Luken, also an Deck geladen ist.
Dick werden: nebliges, unsichtig werdendes Wetter.
Dock: Anlage, wo das Schiff trockengesetzt wird, um es zu reparieren oder ihm einen neuen Unterwasseranstrich zu geben.
Docker: Arbeiter im Hafen.
Doppelboden: Zwischenraum von Schiffsboden und Tankdecke.
Dünung: Wellen, durch Wind entstandener Seegang.
Einklarieren: beim Einlaufen in einen Hafen die Zoll- und Behördenformalitäten.
ETA: *estimated time of arrival*, voraussichtlicher Zeitpunkt der Ankunft des Schiffes im Hafen der Bestimmung.
Etmal: zurückgelegte Meilen in den letzten 24 Stunden, von Mittag zu Mittag.
Ewer: Küstensegelschiff mit flachem Boden.

Feederdienst: Kleine Containerschiffe (Kümos) im Zubringerdienst.
Festmacher: Spezialisten, die im Hafen beim Anbinden (Festmachen) der Schiffe an der Pier helfen.
Fettkeller: umgangssprachlich Maschinenraum eines Schiffes.
Feuer: Lichter von Seezeichen und Leuchttürmen.
Flat: Plattform in Standardgröße eines Containers zum Transportieren von Gütern.
Flurplatten: begehbare Metallplatten (Fußböden) im Maschinenraum.
Fluten: Ballasttanks mit Seewasser füllen.
Freiwache: nach der Wache (dem Dienst) wachfrei sein.
Gangway: der Zugang zum Schiff, auch Landgang genannt.
Gegenan: ein Schiff, das entgegenkommt, auf Gegenkurs ist.
Grobe See: sehr hoher Wellengang.
Heuer: Seemannslohn.
Heuerbaas: Arbeitsvermittler für Seeleute.
Heuern: Seeleute zur Arbeit an Bord einstellen.
ILO: Internationale Arbeiterorganisation.
IMO: Internationale Maritime Organization.
Kabel: nautisches Längenmaß, 1 Kabel = 1/10 sm = 185,2 m.
Jockel: Hilfsmaschine zum Antrieb des Generators zur Stromerzeugung.
Kabelgatt: Lagerraum für Farben und Tauwerk.
Kesselpäckchen: Arbeitsbekleidung, Arbeitsanzug in der Maschine.
Kimm: Horizont.
Klar: alles in Ordnung.
Klasse: TÜV für Seeschiffe.
Klüten-Ewer-Fahrt: Frühere kleine Segelschiffe in der Küstenfahrt, auf denen es meistens Klüten, norddeutsch für Klöße, zu essen gab und die Besatzung sehr karg verpflegt wurde.
Knoten: die zurückgelegten Seemeilen in einer Stunde; 1 Knoten = 1852 km/h.
Koje: Schiffsbett.
Kollision: Zusammenstoß eines Schiffes mit einem anderen Schiff oder einem festen Gegenstand.

Kombüse: Schiffsküche.
Kümo: Küstenmotorschiff
Kümo-Fahrzeit: Arbeitszeit auf einem Küstenmotorschiff. Ein Seemann, der sehr oft das Schiff wechselte, hatte meistens ein schlechtes soziales Verhalten. Also: keine guten Fahrzeiten.
Lademarke: Tiefgangskala am Schiffsrumpf.
Laderaum: Stauraum für die Ladung.
Längsseits: das Schiff liegt parallel zum Kai.
Laschen: Festzurren beweglicher Gegenstände.
Leck: Loch im Schiff, durch das Wasser eindringt.
Lee: die dem Wind abgewandte Seite.
Leinen los: Schiff verlässt den Kai, Reisebeginn.
Lenz: leer gepumpt.
Lenzen: Wasser aus den Tanks, aus dem Schiff pumpen.
Leuchtfeuer: Lichtzeichen für die nächtliche Navigation der Schiffe.
Logbuch: Schiffstagebuch.
Löschen: das Schiff entladen.
Lotse: nautischer Berater der Schiffsführung.
Luke: Öffnung im Schiffsdeck zum Be- und Entladen.
Luv: dem Wind zugewandte Seite.
Makler: Treuhänder zwischen Reeder, Spediteuren und Behörden, wie Zoll und Polizei.
Marina: Jacht-/Motorboothafen.
Mayday: Im Sprechfunkverkehr das Kennwort für Seenotfall.
Messe: Speise- und Aufenthaltsraum auf Schiffen.
Mittschiffs: die Mitte des Schiffes.
Mug: große Tasse, wo richtig was reingeht.
Nautiker: ausgebildeter Seemann mit Erfahrung und Wissen, um ein Schiff zu führen.
Nebelhorn: Signalhorn auf Schiffen.
Neptun: römischer Gott der Meere.
Niedrigwasser: tiefster Wasserstand bei Ebbe.
Nordostseekanal: Seeschifffahrtskanal zwischen Nord- und Ostsee, ist 98,7 Kilometer lang. Früher Kaiser-Wilhelm-Kanal, wird auch Kiel-Kanal genannt.
Offenes Fahrwasser: frei und nicht durch Hindernisse gesperrt.

O-Messe: Speise- und Aufenthaltsraum der Schiffsoffiziere.
Ouessant: Französische Insel mit Leuchtturm Phare du Creac'h, der für Seefahrer das erste Leuchtfeuer nach der Überquerung der Biskaya ist.
Plicht: auf Booten und Segelschiffen hinterer, tiefer gelegter Sitzraum.
Poller: Pfosten zum Festmachen der Leinen.
Positionslampe: gibt nachts durch ihr Licht, durch den Lichtsektor und die Farben, Rot, Grün, Weiß anderen Schiffen Auskunft über die Fahrtrichtung und die Gefahrenklassen des eigenen Fahrzeugs.
Pütz: Eimer.
Querab: seitlich, in gleicher Höhe.
Radar: *radio detecting and ranging*, Verfahren zur Erkennung, Ortung und Messung der Entfernung von Schiffen und Gegenständen.
Rasmus: Erasmus, Schutzpatron der Seeleute.
Raue See: vom Sturm aufgewühlte See.
Reederei: Schifffahrtsunternehmen.
Rechtweisend: bezogen auf den geographischen Nordpol.
Schapp: Schrank oder kleiner Verschlag.
Schanzkleid: festes Geländer an Deck.
Schlagseite: Schräglage eines Schiffes.
Schleuse: Becken mit wasserdichten Toren, sichert die Tidenunabhängigkeit des Hafens.
Schott: Stahlwand im Schiffsrumpf.
Seeamt: von oberster Landesbehörde geschaffene Einrichtung zur Untersuchung von Seeunfällen der Handelsmarine.
Seemannsgesetz: regelt die Arbeits- und Rechtsverhältnisse des Seemannes.
Seemannsordnung: regelt die Rechte und Pflichten der Besatzungsmitglieder.
Seemannssonntag: der Donnerstag, dann gibt es traditionsgemäß ein besseres Essen an Bord.
Seemeile: 1 sm = 1852 m.
Seetörn: auf See verbrachter Teil einer Reise.
SeeUG: Seeunfalluntersuchungsgesetz.
Steuerbord: rechte Seite des Schiffes.
Steuermann: Navigator, Nautiker.

Steven: Bauteil des Schiffes (Vordersteven, Achtersteven).
Schwarzes Licht: totaler Stromausfall auf dem ganzen Schiff.
Sonnenbrenner: große Arbeitslampe mit mehreren starken Birnen.
Spring: von vorn nach achtern verlaufende Festmacherleine.
STCW-Übereinkommen: bezeichnet Gesetz zu Internationalen Regeln für Ausbildung und Erteilung von Befähigungszeugnissen und den Wachdienst von Seeleuten.
Sutsche: sachte.
Tampen: Festmacherleine.
Tide: Gezeitenstrom, Ebbe und Flut.
Teu: Standardgröße eines 20-Fuß-Containers.
Topplampe: Positionslampe am vorderen Mast. Weißes Licht.
Verkehrstrennungs-Gebiet: enthält Einbahn-Schiffswege (wie Einbahnstraßen auf See).
Voraus: alles, was vor dem Schiff ist.
Vorpiek: vorderster Raum im Schiff, wird genutzt zum Lagern von Geräten und als Ballasttank.
Wache: Arbeitszeit, Schichtdienst an Bord.
Wanten: Drähte oder Taue, die zum Befestigen des Mastes dienen.
Wegerecht: Vorfahrtsrecht eines Schiffes.
Zutörnen: Überstunden machen.

ZEITGUT
Band 11
Von hier nach drüben
Grenzgänge, Reisen und Fluchten 1945–1961
40 Zeitzeugen-Geschichten und -Berichte

ZEITGUT
Getäuscht und verraten
Jugend in Deutschland 1933-1939
38 Geschichten und Berichte von Zeitzeugen